打開天窗 敢說亮話

U0023156

WEALTH

天窗出版

亂世黃金

林祖、平步青　著

目錄

自序
「金甲蟲」的信念

——林祖

香港是與倫敦、紐約等齊名的金融中心，身處這城市，投資是很多人日常生活的一部分，最多人涉足股市，亦有不少人買基金、債券，有些人則認為投資物業最實際。無論投資哪項產品，我們都只是不想被持續上升的物價蠶食購買力，當然更希望增值財富，令生活過得愜意。不過，很多投資者不了解現今金融世界的運作，搞不清楚當中貨幣危機及資產泡沫的風險，以至投資路上損手的例子，比比皆是，相信你我身邊總有幾個，甚至主角是你自己或是你的至親。

經過十多年在市場探索，加上綜合不少分析，筆者相信自2008年由次按引發的環球金融海嘯，及自此十多年來美國及各國央行推行沒完沒了的量化寬鬆，加上近年的新冠疫情，已經引爆了一場

「金融核爆」！美債市場的長期熊市已經展開，牛熊分界線正正是去年初新冠疫情爆發期間，資金非理性湧入美債避險，美國10年期國債孳息率挫至0.318%，5年期短債的實際利率更是-2%，筆者預測這已是底部了，難以再低。

有些人認為，美國實際利率與黃金價格存在負相關，即債息下跌，金價上升，現時「谷出來」的資金，先進入股市及商品，棉價已突破了十年高，筆者認為，金價將跟隨上揚！筆者發現身邊很多人對此危機一無所知，以至未想過以投資黃金來對沖此巨大風險，甚至連金幣、金條在哪裡買也不知道。有些人聽到筆者投資黃金，還以為是筆者買紙黃金、倫敦金。

圖表 0.1　10 年期國債孳息率已進入熊市

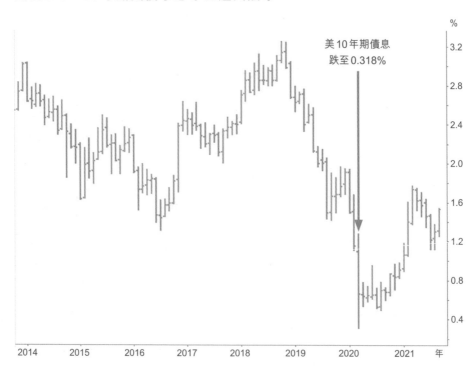

再加上歐美央行頻繁推出措施刺激疫後疲弱經濟，更令未來金融危機來得迫切！ 2021 年 8 月，被譽為「新興市場之父」的著名基金經理麥樸思（Mark Mobius）表示，全球貨幣供應量大得令人難以置信，貨幣將會明顯貶值，故此建議投資者在組合中應持有10％的黃金，而且最好持有實物黃金！

由賀禮的一枚金幣開始

筆者是對投資黃金抱有信念的「金甲蟲」，或是緣份，初接觸投資市場，就是黃金。

2005年筆者結婚，收到姨母送的結婚賀禮，就是一枚一安士楓葉金幣。那枚金幣由加拿大皇家鑄幣廠鑄造，閃爍精美，細問之後，原來是她1985年以大約3200港元（約410美元）買下，一直放在保險箱。收到這份禮物時，它已升值至大約4500港元（約580美元）。雖然這個升幅只是微不足道，相對許多資產而言，更是大落後，但對於當時毫無投資經驗、只懂在銀行儲蓄的筆者來說，也算是長期保值之法。

部分金幣除了有黃金本身的價值，還有隨年月增長而具有歷史溢價。這枚由筆者姨母送的一枚一安士楓葉金幣，發行年份是1985年，現時已升值至13,000港元，網絡售價普遍比銀行牌價高約1500港元。

之後，筆者也買了數枚金幣，與新娘的飾金嫁妝一起送進保險箱。那時候對投資黃金只是一知半解，也認為這只是老一輩才喜歡的投資。料不到多年以後，自己會成為投資黃金的信徒，更成立了相關的博客及網站。

初入股市　碰上金融海嘯

筆者初期投入黃金的資金不多，只有六、七萬元吧，主力還是跟隨很多香港人的步伐——進入股市，買的第一本投資書也是由「亞洲股神」東尼（Tony Measor）所著的《富足一生：東尼投資十大心法》。

轉捩點是 2007 年第四季開始出現的美國次按危機，及隨後兩年爆發、環掃全球的金融海嘯。港股從 2007 年 10 月約 30400 點，下滑至 2008 年 10 月約 12600 點，跌幅超過一倍。美國這個危機源頭更是金融海嘯的爆發點，多間龍頭金融機構像火燒連環船般陷入困境，包括 AIG（美國國際集團）需重組、分拆，形同倒下；及後雷曼兄弟（Lehman Brothers）宣布破產，事件令許多購買了迷你債券的香港投資者血本無歸。那時經過中環，不時會見到「雷曼苦主」遊行、靜坐，抗議金融機構沒有為他們把好關，避開陷阱。

當年筆者買入的多隻股票，包括領匯（後改名為領展）、創科、恒生、希慎等，亦隨大市大幅下挫。剛涉足投資市場就面對這種世紀風暴，真是驚心動魄！當時投資知識有限，像許多散戶一樣，敵不過恐慌情緒的左右，採取「沽沽沽」的策略，止蝕離場。幸虧大多數股票相對低位買入，損失有限。不過危中有機，此次挫折亦擴闊了筆者對經濟、金融等領域的視野。

金融海嘯最大的震撼不是股災，而是發現投資市場有多複雜。種種聞所未聞的金融產品名稱湧進腦海——按揭抵押證券（Mortgage Backed Security）、信貸違約掉期（Credit Default Swap）、債務擔保證券（Collateralized Debt Obligations）、合成債務擔保證券（Synthetic Credit Default Swap）……正是這些東西引爆金融危機。它們是些甚麼東西？如何被創造出來？為甚麼會有這麼大的影響力？

投資路上，總結經驗、檢討得失，十分重要。為了解金融海嘯，為揭開那堆金融衍生產品的面紗，筆者當年找了不少參考資料，包括《貨幣戰爭》。這本書於2007年6月出版，書中提出的預測，應驗於歐美爆發的次按危機及全球金融海嘯，令這本金融書籍成為當年熱話。

跟一般投資書不同，《貨幣戰爭》甚具歷史感，作者將近300年的金融大事與政經歷史串連起來，解釋其發展脈絡，介紹歐美的金

融體系如何形成，存在甚麼問題等等。筆者大學時代主修歷史，讀起來格外投入，雖然不認同作者對某些金融歷史背後原因的見解，但部分分析（包括美元的發行機制及其問題，金融衍生產品的巨大風險）都帶來很大啟迪。當中對筆者最大影響是深入解釋了黃金於金融系統中的地位，並預測它在未來投資市場扮演的重要角色。

金融海嘯後，有許多投資書都以美元問題為賣點，建基於美元崩潰論，《貨幣戰爭》是當中的名著，出版後歐美爆發次按危機及金融海嘯，令此書成為中外話題著作。

歐債危機美國QE　黃金迎牛市

故此，當金融海嘯在2008下半年捲起最駭人巨浪時，筆者開始買入更多實物黃金，愈跌愈買。那時候作出這投資決定，需要有堅定信念，因為海嘯最厲害時，金價亦不能獨善其身，而是跟隨大市下挫，從2008年2月每安士950美元以上，下挫至10月接近700美元。不過，沒多久就證明筆者當時的投資決定正確。2008年10月金價於700美元找到支持位後就扶搖直上，12個月後升穿1000美元，收復失地，把同期股市的表現比下去。而當年此金價升勢，原來只是牛市的開端！

2009年，金融海嘯從美國蔓延至歐洲，從2009年第四季末開始，隨着國際三大評級機構下調希臘國家信用評級，歐洲國家債務危機爆發，意大利、西班牙、葡萄牙、愛爾蘭等國債違約風險不斷觸動市場神經。這次危機一直持續至2011年10月歐盟領袖同意向希臘提供第二輪紓困貸款，才暫告一段落。

與此同時，自2009年第一季末開始，美國政府推出量化寬鬆，市場一般解讀為「印銀紙」救市，許多人相信過度發鈔將令美元貶值，令黃金的投資前景更受注目，市場亦湧現多本看好黃金前景的投資書，認為美元脫離金本位是各種危機的根源，美元的購買力將逐漸流失，前景暗淡，故建議持有黃金，對沖美元貶值風險。

歐債危機爆發後及美國推行量化寬鬆的35個月，正是金價升勢最凌厲的日子，從每安士約700美元升至2011年9月最高約1920美元，此時美國道瓊斯指數尚欠40%才收復失地，金價卻已大幅攀升，踏入大牛市！筆者在這段期間定期買入黃金，更同時買入白銀，投資總額接近七位計數字的港元，至2011年高峰期升幅約170%。

其實，那年頭實物白銀的供應也異常稀缺，記得2009年中到中國銀行購買楓葉銀幣，全行竟只有5枚銀幣，長城銀條則長期缺貨，有錢也買不到。當筆者上網尋找更多購買實物白銀的渠道，竟然打開了一扇窗。

黃金價值的本質

那30多個月的牛市中，筆者在網上討論區與網友們交換買賣情報、談金論銀。網上有很多虛假不實的資訊，但同時也臥虎藏龍，令筆者對貴金屬這資產有更深的了解。關於貴金屬的知識浩瀚，其買賣歷史悠久，某些數據甚至可追溯至數百年前，涉及歷史、地理、政治、經濟、物理等，像百看不厭的百科全書，愈探索愈有趣。例如黃金的導電性非常好，更能有效抵抗紫外線，太空人頭盔都會鍍上一層純金，避免受外太空的紫外線傷害。九十年代金價低迷便宜，Intel就曾用黃金來製造電腦中央處理器，柯

達公司曾用黃金製造 Gold Ultima CD-R。筆者喜歡讀史，能夠將投資與個人興趣結合，絕對是金錢以外的額外獲益。

在黃金的知識中，有一點最為人不解——為何千百年來，黃金普遍被人類視作為財富儲存的手段，為何人類都把它視為財富的象徵？答案值得每個投資者深思，亦是投資黃金必須知道的基本知識。

其實，黃金的貨幣屬性皆源自其特性，它集合了稀有、易於切割、物理穩定，不易氧化等優點，價值以重量為依據，不似鑽石、玉器般，受色澤、切割工藝等較主觀的因素影響。加上全球各地採煉黃金的方法幾乎都一樣，無論在哪裡，黃金熔點都是攝氏1200度，物理特性令這金屬在全球任何地區都是「勞動成果」的代名詞，是「價值」的共通語言。因此，人類自然地發展出黃金為衡量價值的貨幣體系，千百年來每天都在交易這種金屬。

相對其他貴金屬，黃金更恰巧在地球分佈平均，不像鉑金只集中於南非和俄羅斯。人類儲存黃金亦已有數千年歷史，龐大的數量仍在民間流通，每年全球產量佔整體儲存量的比例極少，根據世界黃金協會數據，目前全球黃金總儲存量約有197,576噸，而平均年產量只有約2500至3000噸，佔約1.26至1.5%，這比例在各種商品中屬極罕見。

沒人能壟斷供應 金價難被操控

由於歷史沉積豐厚，因此沒有個人或組織能長期通過控制黃金產量而操控金價，或壟斷黃金供應。近代世界主要國家本來都以黃金為本位的貨幣體系，將紙鈔幣與黃金掛勾，紙鈔實際上只是黃金代用券，這制度一直運行至1971年美國總統尼克遜宣布廢除金本位的貨幣體系為止。

不過，時至今日，黃金在金融系統仍佔重要地位，英美法德等組成的十國集團簽定的巴塞爾協議（*Basel Accord*），列明黃金可作為銀行、金融機構的儲備。各國政府至今亦以黃金作為國家財政儲備的一部分，直至2021年，美國儲藏8133噸黃金，屬全球最多，其次為德國，黃金儲備3359噸。

圖表0.2　全球黃金儲備最多的前七個國家

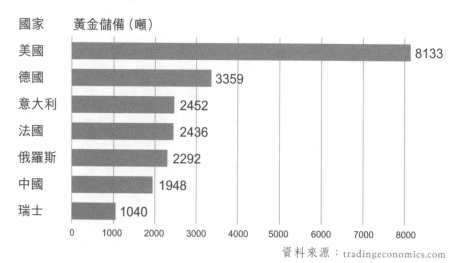

資料來源：tradingeconomics.com

經歷黃金的牛熊

2009至2011年，隨着金價及銀價上揚，筆者投資帳面淨值亦水漲船高，以平均買入價約1100美元計算，高峰期升幅約170%，在金融危機的那些年，回報算不錯。當年市場一片看好，許多著名分析師都預測未來三五年，金價會持續上漲，保守估計可漲至3000至5000美元，最樂觀是哈佛經濟學教授羅格夫（Kenneth Rogoff），預測黃金會升至每安士10,000美元。

2011年1月《貨幣戰爭》作者宋鴻兵出版了《貨幣戰爭三：金融高邊疆》，推介白銀，認為銀價被嚴重低估，出版後銀價於短短3個月升幅達50%。當年4月他在專訪樂觀地預測銀價3年有望升3倍至135美元，甚至誇言10年可升10倍，而當時銀價只是約每安士45美元。受到樂觀情緒籠罩，當年香港某金舖老號就曾出現投資者帶行李箱購買白銀的奇景。

危機往往在過份樂觀的情緒下出現，2011年9月金價升至1920美元歷史新高後，反覆挫至2012年中約1550美元，彈回2012年10月接近1800美元，之後就步入3年調整。2013年是黃金大屠殺的一年，月線走勢上除了3月、7月、8月，其餘9個月都下跌，最厲害是2013年4月12及15日，僅兩個交易日金價就從1560美元下滑至大約1350美元。

不過，那時筆者仍然深信歐美政府持續的量化寬鬆政策有利黃金，故此繼續定期買入，趁低吸納。不少黃金投資者都抱着這種心態，還記得金價跌至大約1350美元時，大量國內投資者湧至香港，把旺角彌敦道十多間金舖的金飾掃個清光，蔚為奇觀。

當時許多分析都認為金價已見底，有望重拾升軌。可是，歐美量寬仍然繼續，金價卻愈沉愈低，2014至2015年整兩年都沒有起色。印鈔救市並未引發高通脹，歐洲更陷入通縮漩渦，美國通脹率長期處於聯儲局定的2%通脹目標以下。2015年第四季末金價低見1050美元，筆者的投資帳面值打回原形。

金牛已經復活？

筆者當時也曾經懷疑，黃金是否仍值得投資？

無論哪種投資，時機都十分重要。從1971年金本位解體至今，美元的確呈一種長期走貶的趨勢。不過，一種貨幣的生命周期可以持續相當長的時間。例如英鎊，隨着大英帝國沒落，購買力每況愈下，但從1931年英鎊脫離金本位至2020年，接近70年的光陰裡，英鎊兌美元只是從3.69跌至1.38（2021年10月22日），跌幅2.7倍，平均每年不足4%，且有過數次反彈，每次走強時間

長達數年，至今英鎊仍然是國際主要的流通貨幣。所以，相信美元崩潰論的「金甲蟲」必須有心理準備，有生之年未必會見到《貨幣戰爭》預期美元崩潰的結局。

圖表 0.3　過去 200 年英鎊兌美元走勢

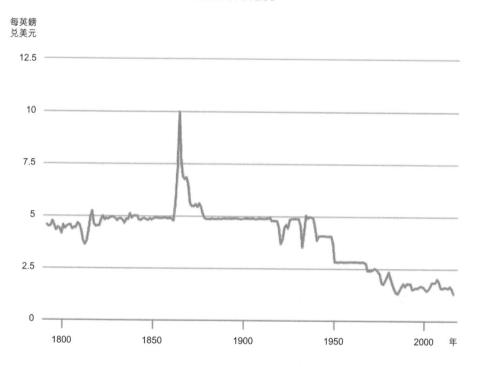

每英鎊
兌美元

1850 年前英鎊兌美元走勢平緩，大致維持 5 美元兌 1 英鎊，1861 年至 1875 年美國內戰期間，美元大幅貶值，曾低見 10 美元兌 1 英鎊。1931 年英國終止金本位，英鎊與黃金脫鈎，長期貶值之勢正式確立，70 年間兌美元貶值 2.7 倍。

要分析黃金走勢，更應懷着謙卑、謹慎的心，因為各種資產中，金市最為複雜難測，黃金既是商品，又是貨幣，它可作為抵押品進行借貸，又可作為國家儲備，穩定法幣價值。以黃金進行借貸、融資，會產生的黃金租賃利率（Gold Lease Rate）、黃金遠期拆借利率（Gold Forward Rate）等，對全球利率走勢及融資成本都會構成重大影響。全球各地的黃金投資方式、交易平台眾多，投資黃金時務必謹慎。

經過十多年探索，筆者發現金價升跌的因素難以簡單地以美元崩潰、通貨膨脹來解讀。有幸在探索金價趨勢的過程中認識了更多理論及分析方法，包括馬田岩士唐（Martin Armstrong）、詹姆辛克萊（Jim Sinclair）、大衛布雷迪（David Brady）等等，他們有的擅長技術分析，有些擅長基礎理論。

綜合這些理論、分析方法，筆者認為，始於2000年的黃金牛市仍未完結，2012年至2015年的小熊市只是深度回調及整固。故此，當2015年底金價跌至1050美元時，筆者再次趁低吸納，比之前的總投資額更為擴大。2020年的金價走勢證實了這個投資決定完全正確，受新冠疫情影響，2020年3月出現環球股災，金價跟隨暴跌，但很快就從底部回升，並於8月創出每安士2089美元的歷史新高，雖然之後又回調，卻站穩於長期上升通道支持位，筆者投資黃金的帳面淨值亦重回高峰期的升幅。

筆者將於本書以多種技術分析及理論，分析為何金牛已經復活，現正處準備起動的階段。無論是短線操作，或長期持有，無論是買入實金，或用其他工具操作，只要懂得分析，參考本書的買賣部署，不難在貴金屬新牛市中獲利，未來 10 年都是投資的機會。筆者堅信，貴金屬會成為市場焦點，表現將勝過許多其他資產。

自序

在石頭裡找寶石，
在寶石裡找石頭
——平步青

2015年，我還是一名雜誌社的編輯仔，以及一隻盲目的金甲蟲，每日期盼著美元變成廢紙。某天演算法將我帶到一個叫《金甲蟲之路》的blog（現在是《金甲蟲投資網》），頭一回接觸到「林祖」這個名字。

詭譎的是，這位仁兄雖自命金「蟲」，卻沒有如金甲蟲般一味唱好黃金，不禁引起我的好奇，並帶著一點點不服看下去。後來因緣際會，亦耗盡運氣，認識了林祖本人，始逐漸開闊淺窄的視域。現時我持倉90％在貴金屬領域，主要投資銀條，作長線用，也持有部分銀礦股和美股礦商ETF。

又有人教過我，巴菲特和索羅斯是風格各異的投資者，前者在石頭裡找寶石，後者在寶石裡找石頭。世上有很多東西被忽視，亦

有更多被高估。至於甚麼算甚麼，塵渺天茫，市場如頑童綁起你雙眼。猜對就去文華喝茶；猜錯，便怒沉百寶箱好了。

樂極會生悲，但否極也會泰來。買入沽出，都有時候，沒有甚麼會永垂不朽。我們總有天要和金銀分道揚鑣，問題是何時、會否重逢，又或何謂下個燃燒的化身。望本書有所啟示。

除了祖兄、天窗出版社和Wan Ting，還想多謝一位叫鍾燕華的人。Some birds aren't meant to be caged, their feathers are just too bright. 沒有她，我連提筆的氣力也沒有。

前言

「金融核爆」來襲

綜觀近數十載歷次影響世界的經濟危機，無論資產價格如何「危危乎」，債市均穩如泰山，仿似在另一世界般，沒受太大影響。就算曾震驚市場的「歐債危機」都是曇花一現，在歐盟使出渾身解數後似乎沒有後續（有評論指當時各國一系列的寬鬆政策，治標不治本，埋下更大危機，但這是後話）。債市可以說是投資世界的定海神針，最穩妥的投資產品。

但如果這次危機的震央就在債市呢？國債本身就是危險所在呢？號稱「零風險」的美國國債即將爆煲呢？相信這是難以想像的。肯定的是，這支定海神針的崩壞，影響一定是最深遠，所牽連波及的範圍一定是最廣，猶如核爆，說是影響政治版圖（對政府的信心），以至人類的歷史走向（例如資本由西方流向東方，乃至社會福利主義的衰落等）也毫不誇張。

相較上世紀的「金融風暴」及10多年前由次貸危機引發的「金融海嘯」，我會形容今次危機為「金融核爆」──以歐美政府國債崩塌為主的危機，用「核爆」形容，更突顯這場危機是人為的，因筆者認為，是次危機乃歐美政客管理不善所致。以2008年起歐美各國央行推行沒完沒了的量化寬鬆（QE）為起點，衍生資產泡沫危機。再到2014年歐洲開始試行的負利率，這可以說是人類有史以來最大膽的「金融核試」實驗，這個核試甚至違反了邏輯，為甚麼債主倒過來要付利息給債仔呢？利息愈低，債市愈泡沫化，那麼負數的利率所造成的泡沫，一旦被戳破，債價必如瀑布向下瀉。而恰恰債市又和很多金融產品環環相扣，到時損失的，肯定不止債券投資者。

伴隨國債危機的，還有通脹和貨幣危機（本書有章節詳述），當數個危機同時聚合在一起，就像核子分裂和融合所串連的連鎖效應，在無預警中，能量一下子釋放出來，為核爆是也。

經濟危機種類繁多，就算避險，也要視乎哪種「險」，不是全部風險都會有利傳統避險工具。由於是次「金融核爆」的震央在於債市崩塌，債市資金的出逃，有利於同屬避險資產的傳統保值工具——黃金和白銀。在市場尋求避風港的時候，債市被棄，意味著貴金屬將受資金青睞，「金牛」篤定前行。

不過，也要掌握升跌規律和時間。即使看好一項產品，哪怕長期看好，過早入市也會浪費機會成本，例如在2011年貴金屬頂峰加入「好友」之列，代價就是要承受數年以上的調整。筆者認為，在執筆至本書出版初期，皆屬於貴金屬周期開啟前夕，是不錯的入市時機。即使錯過早段升幅，由於預測「金牛」熾熱且漫長，不代表不能中途加入。

「金融核爆」的來臨，真正驅動市場升跌的，不是基本面，而是人類的恐慌和信心。謠言、假新聞會牽動市況，而市場價格亦會因

應人們的預測而變動。別人會預期他人的預期，這也解釋了為何現時有許多看似不「合理」的資產價格。當我們買賣時，除了面對自己，也要面對對手。可想像有雙無形的手互相搏鬥，當你從別人手上買入某股票，其實已假定賣方做錯決定，會錯過之後的升幅；同理，賣出股票，不多不少就是分析股價已到盡頭，等同扔掉火棒。一個成熟的投資者，應不時感受到這種隱隱約約在市場彌漫的敵意。

投資市場是一個零和遊戲，總是相對的。有人輸，就代表有人贏；你活得好、活得風光，其實因為有人活得差，活得潦倒。全部人成功，即沒有人成功。所以當你看到媒體寫下「烏雲籠罩X股」、「金融核爆打殘全球經濟」之類的標題，就是某些人（或正在看這本書的你）的入市機會。

第 1 章
問世間「金價」為何物？

第 *1* 章
問世間「金價」為何物？

數千年來黃金一直「有價有市」，在不同年代，有高有低，從沒歸零。只是其角色和價值一直在變，交易形式、定價制度亦隨時代而變。關於黃金價格變化的歷史，可簡略羅列：

＊**黃金曾經是貨幣**：和今天不同，沒有法定貨幣的年代，人們不會問一塊金值多少錢，只有黃金與其他商品兌換的比率。

＊**金本位將法幣與黃金掛勾**：踏入十七世紀，有些政府為了加強發行法定貨幣（下稱法幣）的認受性，會將法幣與黃金掛勾，實行金本位（Gold Standard）貨幣發行制度，明確規定法幣值多少重量的黃金，金價被政府固定為「官價」，即若干黃金等同若干法幣。例如1821年每英鎊可以換到7.3克黃金，1972年前每35美元可兌一安士黃金。

＊官價和市場價並存：當政府想增加開支，印鈔固然是最快捷便利的做法，但要維持官價就必須增加黃金儲備。當法幣的發行量遠超黃金儲備，只好降低法幣含金量，或脫勾，形同古羅馬年代，政府為增加貨幣供應而降低錢幣的含金量。

二次世界大戰後，多個國家加入布雷頓森林體系（Bretton Woods System），將本國貨幣和美元掛勾，又因美元和黃金掛勾而間接與黃金掛勾。但1960至70年間，這個以美元為首的體制受衝擊，出現拋售美元兌換黃金的風潮，甚至有黑市交易，人們願意比官價35美元更高的價錢買入一安士黃金。如1968年的英國，同時容許官價和市場價並存，即黃金雙價制（Two-tier Gold System）。

＊金價按供求浮動：1971年，美國總統尼克遜宣布廢除金本位的貨幣體系，其他國家陸續跟隨。自此金價不再固定在每安士35美元，主要跟隨市場供求浮動。而剛解除「金本位」的年代，就迎來貴金屬牛市。

從1971年開始，自此金價起起伏伏至今天，而價格的浮動主要取決於三大黃金交易市場。

三大黃金交易市場

我們經常討論金價上落，但大眾所說的金價又從何得來？世上有

幾多種金價？標準何在？無論有意投資實金、期金或其他衍生自黃金價值的資產，你都要了解這些問題。

投資世界中有3個金市的報價，是投資者較常接觸的，包括紐約期金、倫敦現貨金和九九金，三者之間的金價走勢一般相差不大，不過由於地域及買賣的產品不一，所以價格略有差異。

1) 紐約期金

紐約期金（GC）被稱為黃金期貨（Gold Futures），在紐約商品交易所（New York Commodity Exchange, COMEX）買賣，將黃金以合約形式預售，於雙方訂定的未來期限交收實物黃金，

由於這種交易模式最先出現於美國，所以又稱為美式黃金交易
（American Gold Trading）。

紐約期金交易以美元計價，價格以一安士為單位。一張紐約黃金
期貨合約的合約規模等於 100 安士黃金，並會列明交收日期、
含金量等資料。買賣期金，到期前可選擇不交收實物，若持倉至
到期就必須交收實物。按規定，如果交收實物黃金，必須至少為
100 安士，而且成色不低於 99.5% 的金條。

投資者可買入市面上不同月份期限交收的期金合約，而價格不盡
相同。主流媒體報道的紐約期金價，通常是 3 個月後到期的合約
價格，會比現貨金價略貴，而到期日較遠的合約，又會再貴一點。
以執筆時（2021 年 10 月）金價每安士約 1800 美元計，一張紐約期
金合約約值 150 萬港元。由於投資額大，加上黃金合約沒有規定
要一筆過交付所有金額，大多投資者會繳交若干百分比的保證金
（即以槓桿形式買入），到期前可以放售合約，又或在交收當天選
擇不交收實物，改用其他方式結算，從而透過金價上升獲利。

圖表 1.1　遠期紐約期金價格較高

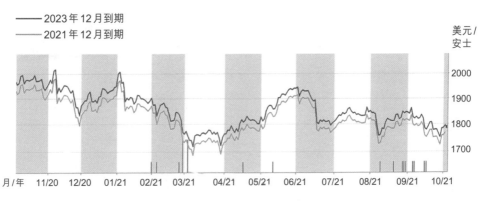

——— 2023 年 12 月到期
——— 2021 年 12 月到期

美元 /
安士

2000

1900

1800

1700

月 / 年　11/20　12/20　01/21　02/21　03/21　04/21　05/21　06/21　07/21　08/21　09/21　10/21

買賣紐約期金合約除了透過長倉（Long Position）博金價上升獲利，亦可以做短倉（Short Position），先借入合約沽出，等下跌後，再買入相同單位的合約平倉，賺取差價，即俗稱的「買跌」。有趣的是，到了交收日，只要買賣雙方同意，就可推遲交收日，即延期交收（Trade Delay）（簡稱T+D）。

期金價格與金舖售賣的金飾價格（有溢價）和現貨金價，走勢基本相近，升跌亦相當一致，但必須了解，期金性質並不相同。始終期貨是一紙合約，由於可選擇不交收實物，因此紐約期金較屬於短期炒賣的工具，和有長遠儲備價值的實金不能同日而語。

期金是商品期貨，而提起商品期貨，大家可能記得2020年的油市大崩潰，相信當時令投資者大開眼界，也會疑惑為甚麼有實質價值的石油，其價格會跌至負數？當中一個原因，就是很多投資者並沒有意願購入並存有石油，而只是炒賣期貨合約，到期限前售出獲利。當時疫症橫行，市場預視石油需求繼續下降，而儲備石油需要成本，很多炒家根本沒有相關儲備設備，便寧願倒賠，以負值拋售合約，來避免接貨後承受更大的損失。

那麼，期金會不會有天和期油一樣，跌至負值？筆者相信不會，畢竟存放黃金，只要有場地、保安和保險等就可以了，成本相對低。投資者寧願倒賠也不想存放黃金的機會也低得多。

2) 倫敦金

倫敦金（XAU）的全稱是倫敦黃金（Loco London Gold），其買賣歷史悠久，已達300多年。倫敦金以美元計價，以安士為重量單位，買賣的是含金量99.5%的400安士金磚。英國的倫敦金銀市場協會（LBMA）每日會公布兩次每安士黃金的價格。

相比起紐約期金，倫敦金交收實貨的時間極短。通常達成交易後，**買賣雙方會即時或於兩日內進行交收，可視之為現貨交易（Spot Trading）**，故倫敦金亦多數被媒體稱為現貨金（Spot Gold）。如以物業買賣作比喻，倫敦金猶如現樓，紐約期金類似樓花。

但也有評論認為這種現貨交易虛有其表，性質和期金沒有大不同，因為實貨儲備量和交易量不對等。高盛商品研究集團前分析師Jeffrey Christian曾指出，倫敦金的交易量比其實質黃金儲備足足大100倍。如Jeffrey Christian的指稱屬實，我們或可設想一個情況：如果有一天，有大量買家只對實金有信心，並同時欲提取實貨，屆時一定會出現黃金擠提，當買家手上收據的兌現遙遙無期，遲遲拿不到實金，這種情況算不算違約？如果賣方將實金稀釋100倍進行交易，又算不算是金融詐騙？

圖表 1.2　倫敦金（現貨金價）走勢

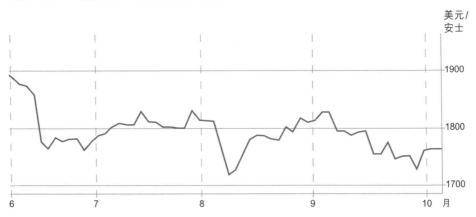

3）九九金

香港是「紐倫港」之一的國際金融中心，其黃金市場也有一定地位，財經媒體和坊間經常提及「九九金」（99 Tael Gold），其實這就是香港自家黃金交易市場的金價。

位處香港的交易市場，九九金自然以港元交易，計算單位是中國傳統使用的兩（Tael），1兩等於1.32安士。地點為上環的「香港金銀業貿易場」，由貿易場會員參與定價，亦會參考紐約期金和倫敦金的價格，畢竟歐美市場影響力大，甚具話語權。由於規限交易的必須是含金量99%的5兩金條，九九金因而得名。正因為含金量高，**所以九九金通常實際價格上會比現貨金價高，因有溢價。**

實金買賣如兌換外匯，雖然價格緊貼國際金價上落，但因為各大銀行和金舖的運輸、保安等成本不同，所以實金產品的定價並不是完全與三大市場的金價一致。如果買入黃金相關衍生產品，也留意它們追蹤哪些市場的金價，例如SPDR金ETF（2840）及價值黃金ETF（3081）均追蹤倫敦金價，並轉換以港元計價。黃金期貨每日槓桿（2x）（7299）則追蹤Solactive Gold 1-Day Rolling Futures Index，即紐約期金價。

紐約期金、倫敦金和九九金，3個金市的價格基本相近，若以同一貨幣計算，一般相差不超過數美元。除非出現「期貨倒掛」，否則3個金市的價格走勢多趨一致，很少會出現紐約期金大升而倫敦現貨金大跌的情況。由於三者的價格差距非常輕微，需要非常精細的交易才需分清三者價差，例如投行進行的黃金利差交易，因為相差一兩美元，上落已很大，但筆者認為一般讀者毋須分得那麼清。**本書之後章節只以「金價」表示，所指的是倫敦金價、即電視常聽到的「現貨金」。**

上海期金　不可忽視

當然，因應不同地區對黃金的熾熱程度，各地金價有時會出現走勢相異。2013年，國際金價由每安士1550美元暴跌至1350美元，但上海黃金交易所的金價竟比國際市場高出3%，結果吸引大批「大媽」來港搶金，因為香港金價跟隨國際市場。如果當年

這種情況繼續下去，香港的黃金買賣會跟隨上海而非倫敦、紐約嗎？那時候，所謂的「國際金價」對實金投資者有沒有意義？

其實，由於中國影響力逐漸提升，上海期金正日益備受投資世界重視。

2020年8月18日，上海期貨交易所發布最新商品期貨交易細則，其中一項重大改動是將黃金期貨的交割由5天改為1天。改制後，期金合約交易後的第一個工作天，買方就有權要求實物交割。其他商品包括期銀、期銅等則五改三。

雖然很少主流歐美媒體留意此政策，聚焦貴金屬投資的Silver Doctor網站卻以「中國向紐約倫敦期貨市場施壓」為題，報導了這則消息，當中分析包括以下幾點：

一、政策改變目的是確保在上海期貨交易所交易者都擁有所需的實物黃金數量，因為2020年6月中國政府監管部門發現了77宗金市違規或違法交易。

二、西方期金交割相對寬鬆，紐約期金CME的交割可於期貨合約交易後的第一個工作天或當月最後一個工作天完成。

三、新政策令上海期金成為世界上交割最嚴謹的期金交易市場，這會令西方金市的無貨沽空行為面臨更大風險。

很明顯，中國政府監管部門對黃金期貨市場格外重視。這是一項

重大政策變動，因為黃金期貨的交割時間影響着多種黃金交易，包括期貨轉現貨（EFP），黃金租賃等黃金，筆者建議讀者密切留上海金市的相關動向。

政府非常手段　停黃金買賣

黃金交易，有時也對金融政策產生舉足輕重的影響，在非常時期，政府甚至會可限制買賣黃金！1933年，人們蜂擁兌換黃金而導致混亂，羅斯福總統（Franklin Roosevelt）發佈著名的「黃金法令」（*Executive Order 6102*），停止銀行兌換黃金，平民不能藏有規定數量的黃金。又例如在1947年，中華民國法幣持續貶值，政府為捍衛法幣而通過《經濟緊急措施方案》，禁止黃金買賣，間接阻止民眾買金保值。

其實，在非常時期金市更可以關閉，倫敦金市曾因實物黃金發生擠提而一度關閉，期間歐洲主要金市（除了巴黎金市，金價更比關閉前的倫敦金價高28%）的狀況相差無幾，金價無統一標準。此時黃金合約或相關的金融產品如同廢紙，反而實物仍有其價值，買賣依然存在。

疫情斷實金供應鏈　期貨倒掛

上文提到除非出現「期貨倒掛」，否則3大金市的價格走勢多趨一致，何謂「期貨倒掛」？就是指期貨價格低於現貨價格。一般而言，期貨價格通常高於現貨價格，因為存放期間需要成本費用，而且合約時限愈遠，期貨價格應愈高。**如果出現「期貨倒掛」這種不尋常的市況，筆者認為，可能因為投資者對該產品的未來沒信心，又或因為恐慌而只對現貨有信心**，此兩極情況皆有可能。

無論是2007至2008年的全球經濟危機，還是2020年的新冠疫情，貴金屬也曾一度發生「期貨倒掛」。2020年3月底，金價大幅波動，其中有指因為新冠疫情打破全球常態，供應鏈出現問題，多個國家包括一些主要黃金生產地封城，一時間黃金礦商停止營運，再加上空運問題，連帶實物黃金也難以輸送。期貨和現貨曾出現前者比後者便宜的「奇觀」，價差差距更是為過去40年之最，估計是當時市場上出現短暫恐慌，投資者預期實物黃金可能也會出現極度供應短缺的情況，紛紛拋售期金買入實金所致。

不過，有危就有機，2008年危機過後便是黃金長達數年的牛市，2020年8月，黃金也升至歷史新高，可能意味往後狂熱牛市已經重臨。

如此大幅度的金價差異，也影響了於紐約和倫敦市場間頻密轉換黃金倉位的銀行，例如從事「期貨轉現貨」交易的銀行便損失慘重。其中匯豐控股（HSBC）一日內損失約2億美元，相當於大型投行在黃金市場一年的收益。監管文件顯示，滙豐在該季度金屬交易收入大減，是因為「市場波動和實物交易對交易所的不利估值調整」。2020年4月，匯豐將2020年和2021年兩年的現貨黃金均價分別上調至每安士1743美元和1690美元，遠比之前的定價高。

因為期貨交易而損失不菲的，又何止大銀行？上世紀七十年代的白銀市場，美國富商亨特兄弟（Hunt Brother）向多家公司借貸，大舉買入白銀期貨，但因市場上沒有足夠存貨而引起一片違約恐慌，單是1980年初，其中一家期銀賣家美國安格公司（Engelhard）就需要向亨特兄弟交付539噸白銀。有見及此，紐約商品交易所大舉將期貨保證金上調6倍，亨特兄弟頓時陷入財困，最終破產。如果當年亨特兄弟不是投資期貨，而是直接吸納實物白銀，結果可能改寫。

新冠疫情，的確會令實金短缺，導致期金價與實金價格分離，所以筆者建議，投資黃金一定要有實金為基礎。

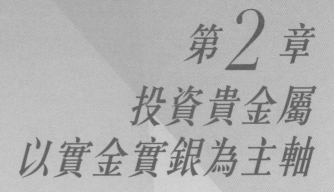

第 2 章
投資貴金屬
以實金實銀為主軸

第2章
投資貴金屬
以實金實銀為主軸

 十世紀之前，投資黃金市場主要以買賣實物為主。直至二十世紀七十年代，五花八門的黃金投資工具才開始盛行，包括紙黃金、黃金期貨、金礦股等等，雖然買賣更方便，但操作亦更加複雜，投資者宜「先求知、後投資」，也要恰當分配實金與黃金投資工具的比例。

筆者的黃金類資產佔投資組合約50%，另外50%為港股及美股。這是個不錯的分配比例，既能押注黃金牛市，亦起到平衡風險的作用。畢竟股市仍然充滿機會，在1980至1999年的黃金熊市中，美股、港股都有不錯表現。黃金類資產中，初期以實金為主，曾經100%是實金，直至近幾年才涉獵金礦股、黃金ETF等投資工具，實金佔比下降，但仍然佔最大，恒常保持40%以上。

有意投資黃金，資金又充裕，筆者建議應該保持一定比例的實金，可根據個人風險承受能力調節，30%至50%算合適。若自問是保守型投資者，或沒甚麼時間追蹤金價走勢，大可像傳統「金甲蟲」般，將80%至90%、甚至100%黃金資產投放在實金。

實物黃金最保值

為何實金如此重要？只要多了解黃金的歷史，就會明白黃金的真正價值最終只會反映在實物上。其他工具只是追蹤金價變動，主要參考紐約期金及倫敦現貨金兩個市場的交易價格，許多資料都顯示兩個市場極少涉及實物交易，紐約期金只是一紙期貨合約，買賣「未來黃金」，即使以現貨交易的倫敦金，買賣合約亦容許交易雙方選擇現金交割（Liquidate）或實物交割（Physical Delivery），絕大多數交易商都是選擇前者。

投資黃金必須時常提醒自己，目前金價反映的，很大程度上不是實物黃金的價格。若實物需求驟然急增，或者期貨市場出現「黑天鵝」，部分黃金投資與實物黃金的價格可能出現落差，甚至完全分離。

六十年代末，金市便出現了系統性風險，值得當今所有黃金衍生工具投資者警惕。當年由於美元信用受質疑，世界多地出現黃金搶購潮，美國制定的每安士黃金等於35美元官價受到挑戰，美元

遭拋售。多國為了支持美國捍衛美元地位，配合其壓抑黃金交易的行動，嘗試壓制金價上升。1968 年 3 月 16 日，新加坡政府暫停黃金外匯交易，不久（1968 年 3 月 21 日），英倫銀行就宣佈，停止黃金期貨交易。當年香港是英國殖民地，亦配合實施黃金禁運。當年仍未有今天林林種種的黃金投資工具，若然有，而黃金期貨或現貨交易所又被政府強制終止，那些追蹤期市及現貨金價的衍生品將如何處置？同樣，參考交易所金價的銀行紙黃金又會落得甚麼下場？雖然目前沒有任何先例可以參考，但根據大部分買賣條款，絕對有機會變得一文不值。

如果買入的只是追蹤金價的投資產品，不是實金，有可能面對像 2020 年 4 月油市一樣的價格變負數的系統風險。當然，這種情況在金市從未出現過，儲存黃金與儲存石油亦是兩碼子的事，難作比較，但世事無絕對，持有實物肯定較有保障。

期貨與現貨　金價歷史差距

2020 年 3 月新冠疫情導致全球股市狂跌，黃金價格亦曾不尋常地大幅波動。由於多國封城，導致部分歐洲黃金冶煉廠如瑞士瓦爾坎比（Valcambi）、賀利氏（Heraeus）、龐博（PAMP）等停產，黃金運輸亦受航班停運波及，阻礙了實金供應鏈。3 月底，倫敦現貨黃金市場交易大降，部分時段甚至沒有報價、交易。

另一方面，新冠股災重創下的美國，黃金避險需求急增，加上 3

月底紐約期金近月合約臨近交割，於是投資者爭相買入臨近交割的合約，且要求提取實物，行內稱之為「逼倉」。資金湧入，炒高當時近月期金價格，交割急增1倍多，4月期金未平倉合約（放棄交割要求）急升，交易數量是過去10年每月平均的2至3倍。

圖表2.1　2020年4月至6月紐約期金出現空前交割需求

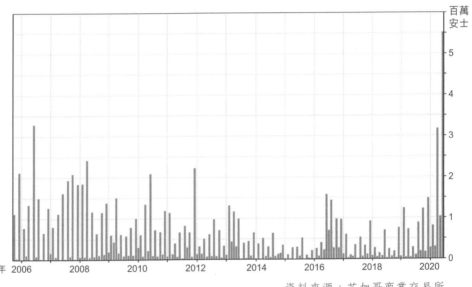

資料來源：芝加哥商業交易所

結果，金價歷史性地出現斷層，2020年3月24日前後，紐約期金與倫敦現貨金價格一度差距60至100美元，雖然為時不長，已經等同世上出現了「兩個」金價，超出某些黃金投資工具追蹤價格的預設機制，花旗銀行（Citibank）於3月27日叫停紙黃金買入交易，投資者只能賣出，不能買入。

筆者當時買入的一隻「每日3倍做多金礦股指數基金」（JNUG）更臨時更改規則，調低槓桿比率，由3倍跌至2倍。假設金價真的因為實金短缺而進一步分化、持續急升，發行商這種合法的「搬龍門」隨時會令投資者見財化水，不能在金價升市中獲利。

投資實金　瑕不掩瑜

唯有實金能給予投資者最大保障，它沒有發行商，價值不受投資產品合約的規則變更影響，不會因為期金合約的舞高弄低而變成負價格，**實金的價格是黃金最真實的價格。**

當然，投資實金不及其他工具方便。過去十多年，筆者不時收到網友提出投資實金時遇到的問題，包括實金產品成色（含金量）不一、零售定價混亂等等。不過總體而言，大部分問題都不會對回報構成影響。

金幣成色不一，只是各國鑄造標準不同而已。例如南非富格林金幣成色91.67%（22K），其實是煉鑄商將一安士純金混入小量其他金屬造成，所以一安士富格林金幣實際重1.091安士（一安士純金及0.091安士銅），故金色帶古銅。加拿大楓葉金幣的含金量高達99.99%，但這不代表前者的投資價值較低，因為零售商在定價時，已把富格林含金量較低的因素計算在內，按比例調低售價。

美國鷹揚金幣於黃金中混入了白銀，
故色澤黃中帶白。

又例如零售定價混亂，其實買賣實金就如兌換外幣，兌換店的匯
率自然有輕微差距，但微不足道。況且香港黃金買賣法例相當完
善，根據1985年頒布之《商品說明（標記）（黃金及黃金合金）
令》，售賣成色與商標不符的黃金，最高刑罰可監禁5年，零售商
違法的代價與行騙獲益不成比例，犯不着冒如此大的風險。我們
只要光顧較具規模的銀行或商號，相當安全。

投資金幣　首選楓葉及鴻運

反而，我們應留意一些投資實金的技巧。投資實金工具，最普遍
是買賣普制金幣（Gold Bullion Coin）。金幣由各國政府的鑄幣局
負責煉鑄，種類繁多，包括中國熊貓金幣、加拿大楓葉金幣、澳

洲鴻運金幣、美國鷹揚金幣、奧地利維也納愛樂團金幣，還有許多紀念性金幣如生肖金幣。各種金幣又有不同重量，如一安士、1/2安士、1/4安士等，早年筆者都是五花八門地買入，後來發現各金幣成色不一，定價不同，每次計算回報便十分費時了。

楓葉金幣成色 99.99%，
認受性十分高，流通量很大。

一安士澳洲鴻運金幣上有袋鼠圖案，
每年不同款，除了一安士，
還有 1/2 及 1/4 等重量。

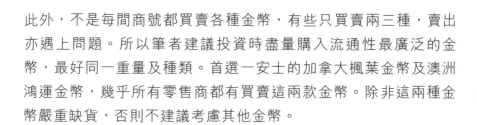

此外，不是每間商號都買賣各種金幣，有些只買賣兩三種，賣出亦遇上問題。所以筆者建議投資時盡量購入流通性最廣泛的金幣，最好同一重量及種類。首選一安士的加拿大楓葉金幣及澳洲鴻運金幣，幾乎所有零售商都有買賣這兩款金幣。除非這兩種金幣嚴重缺貨，否則不建議考慮其他金幣。

要留意，將一安士黃金分成10份，鑄造10個1/10安士的金幣，成本必定會高於鑄造一安士金幣，小型金幣的溢價偏高乃必然，10個1/10安士金幣總價就較1個一安士金幣貴約9.7%。

在香港銀行或金業公司買金幣，有全新和二手產品。投資者購買後應即場檢查，發現金幣崩缺、有刮花或保護膠套、膠盒破損，可要求即時更換或退款。全新和二手產品的價值並沒有分別，回購價新舊如一，但出售金幣時，一般要求完整、不能刮花或磨損，密封膠套破損亦會影響回購價。黃金價值的關鍵是重量，就算金塊、金幣斷開兩截，亦可熔掉，所以若銀行和金業公司不肯回購，亦可將破損的實金產品售予金舖或熔金公司。

古董紀念幣　溢價高不宜沾手

至於古董和紀念性金幣，雖然市場上也有買賣，某些特別款式或有歷史價值的金幣，其升值幅度甚大，但「金甲蟲」較少涉足此類產品。古董及紀念性實金產品往往有極高溢價，例如2012年

澳洲珀斯鑄幣局（Perth Mint）發行的一安士澳洲龍年金幣，就較一般普制金幣貴逾8.5%，而筆者重視黃金的真實價值，不論有多大紀念、設計及歷史價值，**金幣熔掉後，亦只是普通黃金，溢價愈低愈好。**

金條價更貼近國際金價

除了金幣，還可投資金條。跟金幣相比，金條售價更貼近實際金價，對比成色、重量相同的金幣與金條，會發現金幣較金條貴0.5%至1.5%，原因是金幣乃國家鑄幣局鑄造，是國家認可的貨幣，所以每個金幣都會刻上發行國貨幣面值，其次是因為鑄造金幣的工藝較高，出售時包含高一點的溢價。

購買金條，首選本地「九九金條」，每條重5兩，由香港金銀業貿易場認可之煉鑄商鑄煉，如永豐、黃沙、利昌等。很多本地銀行及貴金屬商都有買賣九九金條，包括恒生銀行、中國銀行、上海商業銀行、利昌金舖等，廣泛流通。執筆時（2021年10月）銀行賣出價約16,400港元。買賣「九九金條」的問題是買入賣出都以五兩計算，難以分段吸納或賣出。如果拿香港九九金條到外國放售，對方也可能會詳細量度重量及成色，金幣則多數豁免。

九九金條背後刻有成色等資料，是金銀業貿易場認可之交割金條。

與金幣一樣，金條如果有明顯崩缺，可能降低重量，影響回購價。而黃金是物理性極穩定的軟金屬，絕不會生鏽氧化，或局部變色，輕微彎曲或刻字模糊，更能顯示貨真價實。

黃金乃天然礦物，煉鑄過程未必能100%去除、或完全不沾染任何微量雜質，所以有時會出現一兩個小紅點或啡點，並不影響黃金價格，曾有網友買過帶有紅點的金塊，亦能順利放售。

香港不少金行亦有零售金塊、金條、金粒，以及金飾的實金出售，不過投資者將資產配置到黃金，應重視黃金本身的價值，金行的買賣佣金及金飾手工費（俗稱火耗）等雜費偏高，產生不必要的溢價，而這些實金產品重量又不劃一，買賣不便，並非理想選擇。

哪裡買金幣金條？

在香港，銀行及金業公司皆可買到金幣和金條。不過，有別於金飾，普制金幣和金條只接受現金交易，絕不接受信用卡付款。如到銀行購買，有戶口者可直接於櫃位過數，否則必須以現金交易。此外，在購買時可能需要排隊輪候，香港金市在下午5時收市，若輪候逾時，銀行及金業公司可能不接受買賣，遲去要留意。本地「金甲蟲」較常光顧：

1. **利昌金舖** ╱ 地址：上環文咸東街16號地下

   成立近半世紀，老闆是金銀業貿易場創辦人之一，公司為本地合格黃金煉鑄商，作風老實，出售不同重量金條，均是自行煉鑄。

2. **恒生銀行總行** ╱ 地址：中環德輔道中83號恒生銀行總行地庫

   出售鴻運金幣、鷹揚金幣、富格林金幣、楓葉金幣等金幣，當中以鴻運金幣的貨源最足，另售5兩九九金條，多為永豐或利昌出品。其他恒生自家黃金產品如財神金幣，較沒有國際認受性。

3. 中國銀行永安大廈分行 ／ 地址：中環德輔道中71號永安集團
   大廈地下

   楓葉金幣分膠套密封及無膠套版，熊貓金幣只售即年發行的版
   本，不售舊年份。金條多為永豐或利昌出品。

4. 上海商業銀行 ／ 地址：旺角彌敦道666號

   除了金幣及九九金條，銀行還有獨家發行的1兩金粒，由本地
   認可煉鑄商黃沙鑄造，99.99%成色，粒粒有密封膠套保護。

上海商業銀行有零售自家發行的1兩金粒，
是5兩金條以外選擇。

近年不少外國貴金屬公司來到香港開業，實金種類視乎個別公司
而定，這些公司除了買賣楓葉、鴻運、鷹揚、富格林金幣，亦有
買賣其他普制金幣，如維也納愛樂金幣、水牛金幣、PAMP命運
女神金塊等。有時更會出售特別發行款式之金幣及金塊，如澳洲
生肖金幣。

國際網上貴金屬公司：

1. Lucius Precious Metals（LPM）╱ 網址：http://www.lpm.hk

2. Swiss Investors Corporation LTD ╱
   網址：http://swiss-investors.com

3. Kitco ╱ 網址：http://www.kitco.cn/hk/index.htm

實金交易　兩大不便

買賣實金，還有兩個不便之處：

第一是不能捕捉短期波動：「紐倫港」及全球主要城市都有金市，包括香港九九金、倫敦現貨金、紐約期金等，一地收市，另一地就開市，除了週末、假期，黃金交易都像接力賽般24小時進行，金價從早到深夜不停跳動。如果金價碰巧深夜到達你想買入或沽出的價位，但身處的金市已收市（香港金市在下午5時收市），你亦沒法子操作，必須等待第二天本地商號開市才能交易，金價可能已經走了樣。雖然近年本地有金商提供即時網上實金交易，更可提取實物，但有設限如每次提取數量，商號更有權延遲交割，亦有權因為實金市場供應而修改交割行政費。

第二是實金不能做槓桿操作，放大盈利。

牛市中後期　買金礦龍頭股

其實，每當金價進入長期牛市，不獨實金受惠，很多資金都會湧入相關的投資工具，例如金礦股、金礦股ETF等。只要有實金作為基礎，筆者也建議適當運用這些工具捕捉金價走勢，放大盈利。回望2008年10月至2011年4月的黃金升浪中，金價由每安士大約700美元升至1900美元，升幅270%，但部分金礦股升幅更驚人，例如香港上市的招金礦業（1818），同期由0.93升至19.35港元，升幅2000%，紐交所上市的VanEck Vectors金礦股基金（GDX）亦有423%的增長，升幅都勝實金。

由於金礦股表現有時會比實金走勢亮麗，很多投資者會選之作追蹤金價的工具。也正因為多數投資者將金礦股與金價畫上等號，金價上揚時自然吸引資金湧入金礦股，股價被推高後，又深化了他們對兩者關係的想法，資金於是進一步湧入，所以每每炒過龍，當金價稍為下滑，炒作金礦股的資金極可能鳥獸散，跌幅也可以非常驚人。

以招金礦業為例，2011年9月金價從歷史高位1920美元展開4年跌浪，到2015年12月最低見1046美元，跌幅約183%，同期招金股價可以由18.6下滑至4.07港元，跌幅達457%。如果高位入了貨，就算有耐性，亦未必能返回家鄉，2015年12月金價見底後展開新升浪，到2020年8月一度升至每安士2089美元的歷史新高，但招金同期只由4港元升至11.5港元。

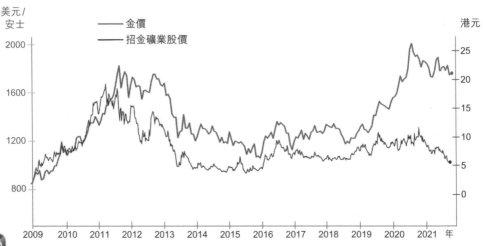

圖表2.2　金價 vs 招金礦業（1818）

外國的金礦股亦有類似問題，美國金礦股龍頭、巴菲特在2020年也有買入的巴里克黃金（GOLD），這股於2008年至2011年升浪中，股價由17.27升至55.95美元，然後隨金價下滑，到2015年12月股價7美元，金價之後開展升浪，升至2089美元時，巴里克股價只到30美元，離2011年高位還差一大截。

筆者建議，無論規模大小，金礦股只適合於黃金牛市中後期時投資，通常此時金市氣氛開始熾熱，資金會持續流入。買入後要多留意股價會否拋離金價升幅，勿被勝利沖昏頭腦，若金價升幅100%，投資的金礦股卻已升了1000%，很大機會就是止賺離場的時候。

而挑選金礦股，首選必定是龍頭股，如全球規模最大的紐蒙特礦業公司（NEM）、巴里克黃金等等，這點對投資金礦股尤其重要，

2020年股神巴菲特旗下投資旗艦巴郡，就斥資5.641億美元買入2090萬股巴里克黃金。

消息令很多人感到意外，股神一向不熱衷投資黃金，為何一下子突然調整策略？他主要是看好巴里克的盈利前景。由於金價上升帶動，這間龍頭金礦公司2019年賺近40億美元，2020年上半年，即使金價沒有顯著上升，也賺7.57億美元。得到股神入股，巴里克於消息傳出後一度急升12%。可是，股神這次絕對是高位入貨，因為金價於他買入巴里克後就反覆下挫，展開調整。雖然買入額佔股神的投資組合總額不多，不過股神一向重視長遠策略，買入巴里克也有其意義，反映大戶也開始希望透過黃金分散風險。

圖表2.3　金價 vs 巴里克黃金（GOLD）

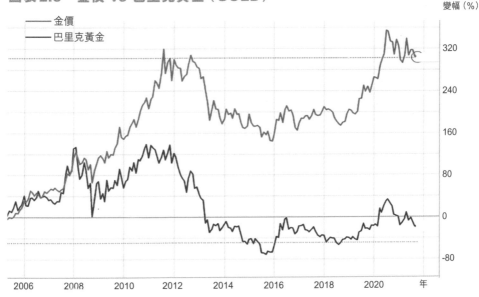

為甚麼投資金礦股必選龍頭？因為開採黃金或貴金屬高風險行業，金礦公司的運作涉及很多範疇，開採前要找地質專家勘探，找到金礦後要取岩石樣本化驗以測定含金量，礦場含金量多寡對公司盈利有決定性影響，因為冶煉黃金需攝氏1200度，才能把礦石中的黃金熔化，極耗燃料，如果含金量不高，就算煉出黃金也虧本。冶金又需要用上化學品，包括山埃和水銀，涉及各地的環保政策，未正式投產，可能已經需要投入大筆費用。況且，黃金是自然礦物，分佈不平均，又經常與其他金屬混在一起，如銅及銀，到正式投產，含金量會隨開採深度起變化，影響盈利。

欠實力的小型金礦股，股價波幅可以十分巨大，甚至可以變得一文不值。例如紫金礦業（2899）於2010年7月發生了銅酸水滲漏事故，嚴重污染河流，被中國政府重罰3000萬人民幣，股價一沉不起，完全未能從2011年金價升浪中獲益。2020年8月加拿大礦業公司Northern Dynasty Minerals（NAK）因阿拉斯加金礦開採權被美國政府以環保理由否決，股價一日內暴跌46%。

金礦股ETF適合穩健派

穩健派投資者可考慮金礦股ETF，買入一籃子金礦股，避開個別金礦股波動風險。目前，港股尚未有這類ETF，全球最具規模的幾隻ETF都在美股，例如VanEck Vectors Gold Miners ETF（GDX），基金持有加拿大、美國、澳洲、南非等多地的上市金礦公司股票，包括巴里克黃金。另一隻是安碩MSCI環球金礦股

ETF（RING），持股跟GDX差不多，成立歷史較短，規模不及GDX，但管理費較低。

若嫌GDX這類大型金礦股ETF升幅不及個股大，又想避開個股風險，小型金礦股ETF是不錯的選擇。筆者首選是與GDX同系的VanEck Vectors Junior Gold Miners ETF（GDXJ），在金價升浪中，其升幅通常比大型金礦股ETF高。2020年3月至8月，金價由每安士1450升至2089美元，期內GDX股價由19升至44美元，升幅1.3倍；GDXJ則由22升至64美元，升幅1.9倍。

小型金礦股ETF在金價升浪中有較佳表現，原因在於全球金礦業經常有收購、兼併，市場看好金價前景時，小型金礦資產規模較小，容易成為收購目標，股價自然水漲船高。資金充足的話，可考慮大型小型金礦股ETF皆買，捕捉金礦股更全面的升勢。

圖表2.4　ETF–GDX和GDXJ走勢相似

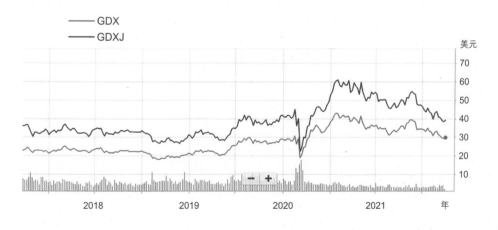

黃金ETF吸引力不大

近十多年，各地股市推出不少實物黃金ETF，例如港股的價值黃金ETF（3081）和SPDR金ETF（2840）。美股黃金ETF更多，包括iShares黃金ETF（IAU）、SPDR黃金ETF（GLD）、SPDR迷你黃金ETF（GLDM）、Aberdeen Standard實體黃金ETF（SGOL）等等。筆者不時收到網友查詢，詢問這類黃金ETF是否值得買入？

這類ETF經常大肆宣傳，很多財經媒體亦力推這種投資工具的穩健及安全性，最大賣點是它們並非通過黃金期貨等衍生工具合

成，而是實實在在買入實物黃金，購買這類ETF，就等同存放實金在發行商的「金庫」，投資者甚至可在一定規定下提取實物。當然，這類ETF的升跌亦非常貼近金價，感覺與買實金無異。

不過筆者不以為然，只要細心留意這些ETF的買賣協議，並沒有具體說明其安全程度，例如金庫不一定設於上市地，令上市地的政府無法監管，或者所謂金庫其實只是委託他人代管黃金？條款細節亦列明若受委託公司失竊黃金，基金概不負責。

至於提取實金，門檻極高，例如GLD，投資者最少需持有10萬股才具提取資格，以執筆時每股163美元計算，即金額達1630萬美元。不過縱使是大股東，也未必能提取實金，因為大部分黃金ETF的招股書都會言明，他們有權拒絕股東提取實金的要求。既然升跌只是跟足金價，不會獲得超越金價升幅的利潤，對提取實金又設種種限制，那何不直接投資實金？

黃金ETF的唯一好處是買賣較方便，投資者不必自行找地方存放黃金，但由於黃金ETF的管理費已包含存倉、保險等雜費，並以出售基金持有的實金支付。這類ETF性質似紙黃金，比較可信賴的只是政府對這些產品按條款的監管。對筆者而言，買入這類黃金ETF的唯一原因是用來**鎖定價格，方便在實金短缺時買入，並隨時沽出**，再兌成實金，不過目前金市很少出現實金短缺的情況，故筆者認為這類ETF吸引力不大。

槓桿追蹤金價ETF　不適合長揸

美國股市的黃金投資工具非常多，除了金礦股、金礦或黃金ETF，還有不少以槓桿追蹤金價的ETF，買對方向可以把盈利放大，更可買升買跌，例如ProShare 2倍槓桿看好金價ETF（UGL）、Direxion每日2倍槓桿看好黃金礦業指數ETF（NUGT）等等，都是透過槓桿操作，追蹤金價或金礦股上落波幅。這些工具，只適合能夠承受高風險的投資者。

投資這類槓桿產品一定要謹慎，只宜小注及短期操作，絕對不適合長期持有，面對的除了金價分化等系統風險，還有交易對手風險。筆者曾小注投資瑞信發行的3倍槓桿做多銀價股票（VelocityShares 3x Long Silver ETN）（USLV），但此股於2020年6月忽然宣布下月退市，改為櫃枱交易（Over-the-counter），買賣及報價都很不方便，筆者使用的銀行更沒有這種交易服務，為免麻煩，只好在退市前沽出，因此錯過了當年7月及8月的銀價升浪。

投資這類槓桿產品，要小心揀選發行商，盡量挑選紀錄良好、交易量大的，更要不時留意條款有否變更，因為法律賦予發行商很大的改例空間。

另外，槓桿產品亦不是百分百跟足金價波幅，買對方向，槓桿一般合乎比例，如買錯方向，跌幅普遍會超越槓桿比例。簡言之，假如你買入3倍槓桿做多金價的股票，金價上升時股價會隨之上

升3倍，但下跌則會跌多過3倍；反之，買跌的情況亦一樣。

買賣這類股票更要非常留意金市的系統風險。由於黃金會直接威脅政府法幣的地位，而政府擁有的黃金儲備佔全球黃金總量不多，七成以上黃金都儲存在民間，政府無法操控其交易價格。金市熾熱如上世紀六十及七十年代，政府絕對有可能再出手壓抑黃金交易，例如暫停期金交易，如前幾節所言，此情況下，追蹤期金價格的黃金衍生品可能一夜暴跌，甚至失去所有價值。相比之下，金礦股比金價ETF顯得更安全，畢竟礦業公司擁有的是可出產黃金的礦產，持有其股份形同擁有這些實物資產。

圖表2.5　金價 vs 2倍槓桿看好金價ETF（UGL）

總的來說，無論是金礦股、金礦股ETF，或槓桿型追蹤金價產品，始終只是一紙股票或基金單位，跟實金是兩碼子的東西，沒有實金所擁有的內在價值，不能反客為主，取代實金地位。

紙黃金 & 倫敦金　絕不沾手

黃金ETF或槓桿追蹤金價ETF出現前，市場上流行一種叫「黃金存摺」的黃金投資工具，俗稱「紙黃金」，幾乎所有銀行都有這種產品，有時到銀行買實金，櫃台員會順便推銷一下。筆者絕對不會沾手這種產品，因為這只是跟銀行對賭金價升跌。看看交易條款，不難發現若干風險，除了不涉實金交收，定價機制亦不是完全參考金市價格變動，還附加銀行的邊際利潤、外匯兌換差價等。

紙黃金更有段不光彩的歷史，上世紀七十年代初香港謝利源金行首先推出這種產品，稱「千足黃金積存計劃」，投資者向金行買1錢黃金就獲發黃金存摺，之後可以賣出或買入，亦可提取實物及收取利息。七十年代黃金牛市中吸引很多人投資，不過到了1982年，金價大跌，大量客戶湧至金行提取實金，該行卻沒有足夠黃金儲備。結果，1982年9月6日全港10間謝利源金行一夜結業，近千投資者血本無歸。

除了紙黃金，坊間經常有人推銷倫敦金或現貨黃金產品，投資者一定要對這些產品提高警覺，因為大部分此類產品並不是真正投資於英國的黃金市場，只是金融公司自設的場外交易平台，對賭英國倫敦現貨金的波動升跌。

由於名稱接近，不少投資者會混淆倫敦金與這些「場外交易倫敦金」，最大分別是真正的倫敦金可要求提取實物，場外交易卻不能。場外交易的只是合約，純粹是投資者與金融公司的私人買賣（其實是對賭）協議，政府很難監管，加上往往涉及槓桿操作，投資者隨時面對巨額虧損。

當然，投資者可以正式投資紐約期金、英國的倫敦現貨金，或者參與香港金銀業貿易場的九九金交易，但投資額不小。以九九金為例，每手是100兩黃金，以2020年10月金價計算，投資額超過200萬港元，所以提供買賣服務的金融公司多運用槓桿，當中涉及保證金、倉租等操作，交割實物的程序亦頗複雜。

筆者認為，在投資工具如此多、買賣實金又如此方便的今天，單是投資實金實銀、金礦股、銀礦股及金礦股ETF已經非常足夠！

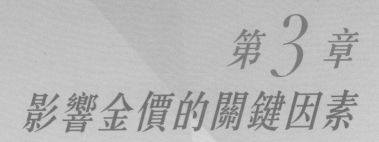

第3章
影響金價的關鍵因素

第3章
影響金價的關鍵因素

金市與股市、匯市、債市並列四大投資市場，投資界稱為「金股匯債」。四市的買賣、流轉、融通等活動統稱為「金融」，也是以黃金為首。對大多數投資者來說，要了解一個市場，首先要了解它價格波動的原理，看準時機，低買高沽，賺取利潤，但知易行難。筆者投資黃金超過十五年，看過不少書籍、文章、數據、圖表，在網絡上曾與很多人分享、交流，只能說，金價波動不但難以捕捉，且有很多誤區及地雷，一如其他市場，投資者不指望有一種分析方法可以準確捕捉金價之波動。

很多分析喜歡為金價走勢提出一種大眾易於理解的「說法」，例如每年5月是印度傳統嫁娶旺季，金飾需求上升，此時金價若上升，這個季節性需求因素就會被廣泛用來解釋成上升的動力。但當2013年4至6月，金價大挫，每安士由1600挫至1250美元，

這項因素又一下子沒有分析提及，消聲匿跡。究竟印度傳統嫁娶旺季是否能推動金價上升呢？哪些因素才是影響金價升跌的關鍵呢？了解這些「關鍵」之前，我們首先要懂得避開一些誤區及地雷。

誤區：加息不利金價

當市場傳出加息消息，很多時候都會對金市產生負面的震動。傳統觀念一向認為央行加息，儲蓄利率上升，會提升投資者沽出沒有利息的黃金的興趣，故不利金價。例如2015年8月，美國聯儲局將會加息的消息持續發酵，市場普遍看淡黃金前景，金價就從1100左右下滑至1050美元，到12月16日，聯儲局宣布加息0.25%，翌日金價一晚挫了25美元。加息真的不利金價嗎？答案是「會」，因為傳統分析認為加息不利金價，部分投資者會跟隨這種觀念買賣交易，但是，**加息消息的影響力每每只屬短暫震動，當加息周期正式展開，更多時候是創造一個亮麗的金價升浪。**

這種反向操作的值博率非常高。2015年12月16日美國聯儲局主席耶倫（Janet Yellen）宣佈美國結束零息時代，加息0.25%，其時金價約1070美元，次日挫至1050美元，這個價位正正就是近10年的一個底部，此後6年，直至2021年執筆時，再沒有見過如此低的金價了。整個加息周期從2015年12月底展開，至2019年7月結束，美國基準利率（US Discount Rate）從0.75%加至

3%，但金價非但沒有隨息口上揚而下挫，而是反向而行，在整個周期從1050升至約1400美元，升幅近40%，加息不利金價之說不攻自破！只是，許多人經常墮入這個誤區，錯失了獲利機會。

圖表3.1 2015至2019年金價與美國基準利率走勢

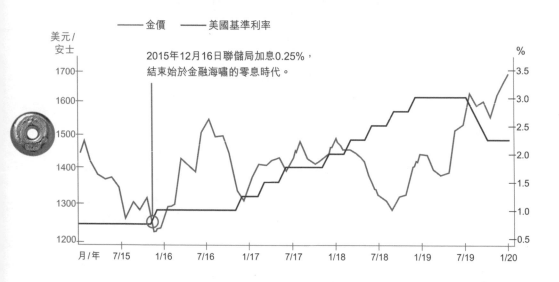

2015至2019年黃金與利率的逆向而行，並非偶然，歷史上還有更經典的例子。七十年代的世界，經歷石油危機、越戰等動盪，全球通脹升溫，美元遭拋售，1977年美國展開了對抗美元貶值的加息周期，基準利率從5.25%一直上揚至1980年1月的12%，

期內金價同樣沒有隨息揚而挫，反而由135升至850美元，升幅630%，創造了歷史上其中一個最矚目的黃金牛市。

所以，當看到「加息不利金價」的分析時，我們必須保持清醒，雖然短期內或會對金價造成震動，但通常為時不長，投資者切勿於金市震動中沽出所持的實金。最危險是於此時跟隨這些分析，運用投資工具做淡金價，隨時誤中地雷。**當加息周期正式展開，更多時就是金價由跌轉升的轉捩點。**當加息不利黃金的消息持續發酵，到接近加息日子，精明的投資者反而可考慮反向操作，摸底吸納，很可能捕捉到一個金價升浪。

利率走高　誘發資金流出債市

為何加息長遠反而有利金價呢？資產價格的升跌，除了受本身價值影響，更大程度是受資金流走向左右。當資金看好某個資產市場，湧進去，價格便水漲船高。利率上升，其影響是多方面且複雜的，其中較少人留意是債市。

債市包括了私人企業、公司等發行的私人企業債券，及各國政府發行的政府債券（Sovereign Debt），簡稱「國債」，規模十分龐大，尤其美國國債市場，截至2021年3月總規模接近28萬億美元。同時期香港股市總市值才33萬億港元（約4.2萬億美元），

即是說，只需有14%美債市場的資金流入港股，已經足夠買起所有港股。

債券利率是固定的，投資者買入債券，定期收息，債券到期，取回本金。只要不出現違約，債券是相當安全的投資，尤其美國國債，背後是美國政府的償付信用支持，一向深受歡迎，連中國及日本政府亦買入大量美債。

假設市場利率為10%，1000美元面值的債券利率（年票息率）亦為10%，投資者每年可得100美元利息。如果市場利率上揚，由10%加至20%，那麼新發行的債券亦要提升至20%利率，才具吸引力。這些新發行的20%利率新債券，相對10%利率的舊債券自然更吸引。所以加息會對債市造成震動，因為舊債券持有人可能會減價沽出，再買入擁有20%年利率回報的新發行債券。

假設市場的利率不斷上揚，債券持有人不斷重複沽舊債買新債的動作，債券價格便會持續下滑，1000美元面值的債券折讓以900美元賣出，新買家再折讓以800美元賣出，第三買家再折讓以700美元賣出⋯⋯面對**債價下挫，如果形成一種長期趨勢，資金便會逐漸逃離債市，湧向其他市場**。有如樓價持續下跌，樓市的投資吸引力下降，買樓投資的人便會減少一樣。

債市資金的流出可以從債券孳息（Yield）反映出來。當債券持有

人以更低價格沽出債券,例如1000美元面值的債券,價格跌至500美元,新買家每年仍收取票面利息100美元,但實際上新買家只付出500美元買入這張債券,由於買入價下跌,這張債券的回報率變相由10%升至20%,而20%就是債券孳息了。

加息: 債價↓ 孳息↑   減息: 債價↑ 孳息↓

孳息愈升,意味債市規模愈是停滯或萎縮。七十年代,美債市場便出現這種狀況,當年美國基準利率逐步上升,美債孳息隨之上揚。美國10年期國債為例,1971年1月孳息約5.5%,1980年1月升至13.5%。債券吸引力流失,令美債市場規模佔GDP的比率降至歷史低位,1970至1980年整整十個年頭,只佔31%至34%,規模只及九十年代的一半。此消彼長,資金流入商品及黃金市場,取代債市成為資金的主要載體。**美債市場最失意的十年,正正是商品與黃金最春風得意的十年。**

地雷:央行狂印鈔有利金價

除了加息不利金價這個誤區,另一個容易令投資者押錯注的是央行印鈔有利金價。確實從1971美國關閉黃金窗口,「金本位」退出歷史舞台開始,各國央行印鈔以幾何級上升,尤其美國,包括

美元基礎貨幣（Monetary Base）在內的各種貨幣供應數據，無不顯示這種瘋狂印鈔的趨勢。

每當金價出現明顯升浪，許多分析都會搬出這因素來解釋，甚至很多教授投資黃金之法的著作都以此為主軸。此觀點建基於一種簡單的貨幣理論，貨幣供應愈多，通脹愈升，紙幣愈貶值，商品愈貴，黃金豈有不升之理？

筆者不認為這個觀點有誤，只是如果以此作投資部署，則太過籠統，不夠精準。雖然黃金價格相對1971年每安士35美元，已經翻了很多倍，但是，我們亦看到金價並非經常性與貨幣供應形成正向關係，有些時候，縱然貨幣供應持續攀升，金價卻長期低迷。

1980至1999年的貨幣供應和金價便呈現這種趨勢，貨幣供應穩步上揚，金價卻長期低迷，從1980年1月最高850美元下滑至1999年7月最低約250美元，中間有過數年反彈，均升不過550美元。相對股市、債市，長期回報相形失色。這時期美國基礎貨幣供應增長了4倍，但通脹率卻由1982年開始，長期處於5%以下，貨幣供應增加會引發通脹升溫及金價上揚的預期落空，且失效的時間不是一年半載，而是長達十九個年頭，金價要到2006年才正式升穿550美元這個長期阻力位。

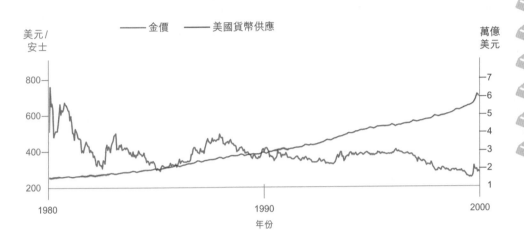

圖表3.2　1980至2000年金價與美國貨幣供應走勢

換言之，如果你於1983年黃金短期反彈至每安士500美元時入市，金價到2005年還未「返回家鄉」，這個時期黃金明顯不是一種理想的投資。我們投資生涯有限，如果入市時機不夠精準，這項投資亦談不上成功。

當聽到市場上充斥着許多「央行瘋狂印鈔有利金價」的分析時，可能是黃金陷入超買的訊號，投資者宜謹慎分析才作決定。2011年當金價攀上歷史新高之際，坊間便湧現了多本以通脹升溫及美元貶值為主題的投資書。結果，金價亦於此時觸及中期頂部，不久便開展了約5年的調整。

 # 要點：看金價走勢需綜觀全局

預測及分析金價走勢，不能簡單用一兩個因素，或套入某種特定的因果關係，例如加息會令金價下挫，印鈔會令金價上升。金價升跌受多方因素影響，尤其短期走勢，很受期金市場的長短倉操作、央行增加或降低黃金儲備、地緣政局不穩、戰爭等等因素影響。當中有些短期數據變化更不是一般投資者可輕易理解，例如黃金租賃利率（Gold Lease Rate）、黃金期貨倒價（Gold Backwardation）、遠期黃金拆借利率（Gold Forward Rates）等等，莫說一般小散戶，就算很多專業投資者亦未必認識。

幾項因素有時會同時發揮影響力，推動金價急升。例如七十年代末，利率、債券孳息劇烈波動，加上國際政局波瀾起伏，金價於

短時間內亦波動巨大。1979年4至9月，美國支持的伊朗巴列維王朝（Pahlavi Dynasty）被伊斯蘭革命推翻，皇室被逼流亡美國，金價先出現第一輪急升，由240升至400美元。由於伊朗要求美國引導皇室到伊朗受審，被美方拒絕，1979年11至12月爆發伊朗人質危機，伊朗學生攻入駐伊朗的美國領事館，脅持多名美國外交人員，脅逼美國政府引渡流亡美國的伊朗皇室，金價出現第二輪急升，從400升至580美元。沒多久，1979年12月7日，蘇聯揮軍進入阿富汗，更一度盛傳蘇軍會南攻印度及巴基斯坦，金價第三輪急升，從580一舉攻破800美元關口，最高升至1980年1月18日的850美元。

圖表3.3　七十年代中東危機　金價升近1倍

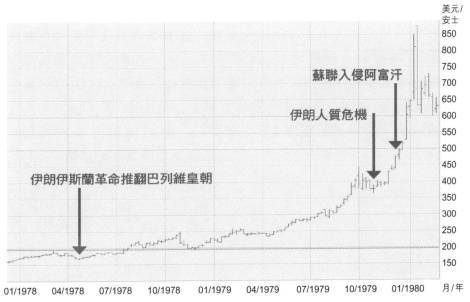

不過，有時某些因素在某時期可能會發揮作用，在其他時期又會失效。例如傳統認為美匯下跌，有利金價，2011年9月美匯指數跌至79歷史低位，金價升至歷史新高1900美元以上。不過，當2009年11月美匯指數從74升至2010年6月的88，金價同期亦由1080升至1240美元，美元與黃金同升，原因是這段時間歐洲爆發了債務危機，資金同時流入美元、黃金避險。

關鍵：美元實際利率與金價呈反向

觀察金價多年，筆者認為值得格外留意一個因素，就是美元實際利率（Real Interest Rate），即是利息扣除通脹後的實際收益率。假設將1000美元存入銀行，年利率10%，可獲100美元利息，但這一年的通脹率卻高達15%，實際上利息收入便會給通脹蠶食5%，實際利率變成-5%。回顧金價歷史，這是一項重要指標。七十年代黃金經歷超級牛市，期內實際利率最低見-5.86%，至今未曾超越。2011年9月金價升至歷史高位1900美元以上，美元實際利率亦只是跌至歷史第二低的-3.76%。當它由-3.76%爬升至2015年12月接近0%時，亦正正就是金價重要調整期。

圖表3.4 美元實際利率 vs 金價

不過，實際利率走勢沒有甚麼規律，難以用它整理出一套預測金
價的方法。唯一給我們最大啟示的是通脹率，它與利率「雙劍合
璧」，左右着實際利率的變動。兩個數據比較，通脹率影響金價
的因素可能更為重要。

大通脹支撐金價向上

歷史上幾次大通脹，不論環球性或區域性，都一發不可收拾，無
論政府採用甚麼手段，都無法短期內遏止通脹。七十年代的通

脹，美國政府費了不少力氣去應付，包括凍結工資，將部分商品設定價格上限，卻帶來了反效果。為避開政府管制，美國肉商把牛肉先運到加拿大，重新包裝再進口美國，本地牛變入口貨，避開價格管制。當飼料價格不受管制，雞肉價格卻受管制，養雞無利可圖，美國雞農寧願把雞隻淹死，也不賣到市場，導致雞肉供應短缺，進一步推升通脹，掀起搶購潮。

除了雞肉外，1974年政府一度實施汽油配給，美國人要憑汽油定量配給券（Gas Ration Coupon）才能購買汽油。民聲載怨下，政府取消價格管制，通脹又火速升溫，令美元存款利息收益被蠶食至負值。

通脹率不但左右貨幣的利息收益，凡可產生利息的資產，包括美債、公司債、企業債、股票等價格都會受通脹影響，高通脹會蠶食這些資產的利息收益，減低其吸引力。七十年代末，全球通脹率超過兩位數字，即使香港銀行將存款利率調高至10%以上，仍然有很多香港人寧願把手上資金投入金市，都不願意存入銀行。當時金市的熾熱，連銀行的銀根亦被抽緊，一些財務公司更以高息吸引投資者轉移存款，3個月至半年期利息高達14.75%，銀行為求自保，亦被逼提高利息，令金融業爆發了一輪「利息戰」。

1979年第三季，香港銀行的拆息一度高見14%，出現金價與利率同告上升的「奇景」。

金甲蟲有句名言「No Fever Like Gold Fever」，從七十年代的金融市場概況可見一斑。黃金投資者應當明白，你們手上的資產，不單是一種用來賺錢的工具，它更影響着全球眾多資產的價格走勢，甚至全球的利率走勢亦得看金價如何走。

2020年3月新冠肺炎全球爆發，美國爆發股災，為了支持金融市場流動性及資產價格，聯儲局大幅減息，基準利率降至0.25%，重返零息時代。但通脹維持，美國十年期國債孳息的實際收益率跌至歷史低位，陷入負值。沒多久，2020年8月初，金價便衝上歷史新高，達每安士2060美元以上，顯示金價對其他資產的實際收益率有高度敏感性。左右其他資產實際收益率的，正正就是通脹。

通脹對金價影響甚大。而通脹有一種特性，除非不出現，一旦出現，持續甚長，所以對投資市場的資金流動、走向，亦會構成長期的影響。我們要窺探金價的長期走勢，作好投資部署，必須先了解通脹，預測其走勢及出現的時間，至關重要。

第4章
哪種通脹
能啟動金價上升？

第 *4* 章
哪種通脹能啟動金價上升？

通 脹（Inflation），是過去數十年許多人看好金價的由來。大部分黃金投資書對通脹的觀點都頗為一致：金本位解體，政府印鈔過度，導致通脹必然升溫，黃金是對抗通脹的最佳工具，故此應當買金、買金、買金。有些書會以歷史上的著名通脹周期為例，述説通脹的可怕，例如1918年至1924年德國威瑪共和國（Weimar Republic）時期的惡性通脹（Hyper-inflation），又或中國國民政府時期的通脹失控與國幣貶值風潮。

這觀點基本沒有錯，長期通脹的確會令供應有限的黃金升值，但影響通脹的因素很多，**要配合特定條件——大宗商品的通脹和政府管治失效/國債危機，通脹才會於短時間內快速推升金價**。某些時期，條件不配合，即使通脹，金價亦可呈相反走勢，且為時甚長。故此，預測金價走勢，必須對通脹有深入了解，知道甚麼情況下的通脹最利好金價？未來何時會出現這種條件？

如何解讀通脹數據？

解讀通脹，很多人第一時間會想到通脹數據，包括各國的綜合消費物價指數（Consumer Price Index）、核心通脹率（Core Inflation Rate）、採購經理指數（Purchasing Managers' Index）等等。不過，並非只看一堆數據，就能實際了解通脹對資產價格的影響。

有些人只看到通脹數據及圖表分析時，就認為惡性通脹即將降臨，金價會飛升，例如2008年12月，國際金價升穿每安士800美元，創出自1980年新高，當時投資界不少分析都預期通脹將會惡化，惡性通脹即將到來，所以跟着追入黃金。後來，金價的確上揚，但到了2011年，美國消費者物價指數升近3.9%便見頂回落，金價也跟隨下跌，展開為期5年的調整，時間不短，可被視為一個「小熊市」了。2011年往後十年，美國消費者物價指數大部分時間都處於2.5%以下，惡性通脹的預測落空了。

日本量寬低通脹的迷思

筆者眼中，通脹不只是一堆數據，它其實是「生活成本」的總體概念。生活成本的內涵廣闊，包括了糧食、能源等衣食住行開支，但亦有些成本被人忽略，例如政府稅收。

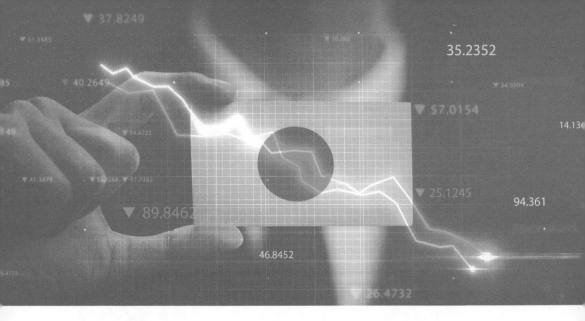

我們不能一概而論地認為「生活成本」上漲就會導致通脹數據上揚，日本是個好例子。九十年代泡沫經濟爆破後，日本經濟下行多年，政府開展量化寬鬆政策，1999年開始推行所謂「安倍經濟學」（Abenomics），由長期維持低利率進展至負利率。貨幣供應持續擴張，從2001至2013年，共推行了12次量寬，一直延續至今。2020年受新冠疫情影響，日本央行再加碼量寬，撤銷國債購買上限，擴大企業債及商業票據的購買額度。

圖表4.1　日本M2貨幣供應持續增長

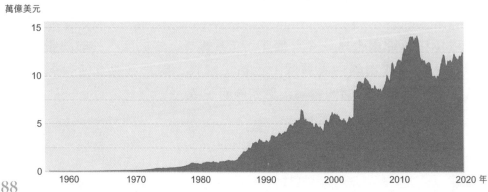

萬億美元

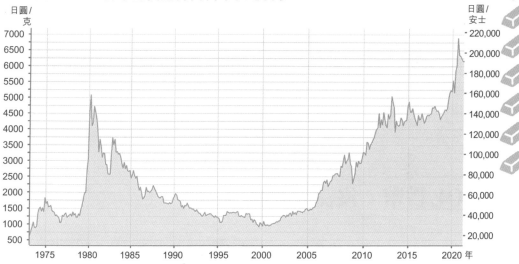

圖表4.2　日本金價走勢與貨幣供應同步

日圓／克

7000
6500
6000
5500
5000
4500
4000
3500
3000
2500
2000
1500
1000
500

日圓／安士

220,000
200,000
180,000
160,000
140,000
120,000
100,000
80,000
60,000
40,000
20,000

1975　1980　1985　1990　1995　2000　2005　2010　2015　2020 年

圖表4.3　日本通脹數據低迷

按年變幅（%）

30

25

20

15

10

5

0

-5

　　　核心 CPI

──── CPI

──── 撇除食品及能源後的核心 CPI

1980　1990　2000　2010　2020 年

日本的貨幣供應從2001年起開始急速增長，2013年高峰期M2貨幣供應達166萬億日圓（約14.6萬億美元），之後稍回落，到2016年又拾級而上，2021年第一季達114萬億日圓，M3貨幣增長更達150萬億日圓，以日圓計的黃金價格與貨幣擴張同步。你以為日本的通脹必然很高？錯了！多年來日本的通脹數據長期低迷，貼近零水平，完全推翻了傳統許多「金甲蟲」對貨幣供應、金價與通脹關係的既定認知，筆者認為這與日本稅制有關。

QE貨幣　沒流進民間

從經濟合作暨發展組織（OECD）發表的數據來看，日本政府稅收佔GDP約32%，在亞太經合組織（APEC）屬於最高三國之一。社會保障稅項佔總稅收比率高達40%，比經合組織（OECD）27%平均值高出3成。2019年10月，日本政府將消費稅由8%提升至10%，從1989年開始徵收稅項計起，提高了3倍。與此同時，各種數據顯示，日企對外直接投資由2001年開始大幅增長，尤其投資於中國，2001年日本企業對華直接投資大約20億美元，到2011年跳升至120億美元，增長6倍，之後一直維持每年約100億美元，日企海外投資還包括越南、泰國、歐盟、美國、澳洲等國家。

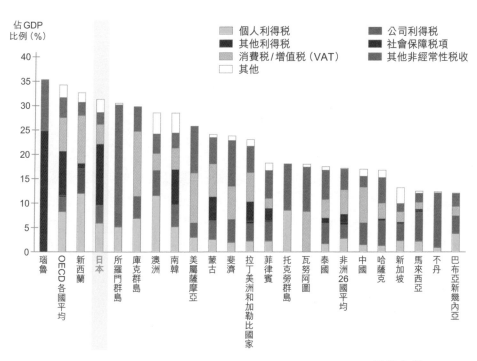

圖表4.4　不同 OECD 國家稅務結構比較

佔 GDP 比例（%）

圖例：
- 個人利得稅
- 公司利得稅
- 其他利得稅
- 社會保障稅項
- 消費稅/增值稅（VAT）
- 其他非經常性稅收
- 其他

（橫軸國家：瑠魯、OECD 各國平均、新西蘭、日本、所羅門群島、庫克群島、澳洲、南韓、美屬薩摩亞、蒙古、斐濟、拉丁美洲和加勒比國家、菲律賓、托克勞群島、瓦努阿圖、泰國、非洲26國平均、中國、哈薩克、新加坡、馬來西亞、不丹、巴布亞新幾內亞）

資料來源：OECD

筆者推論，日本的稅收繁重，加上日圓自由流通，量寬創造出來的貨幣，很大比例不是被徵稅消化，便是流出日本。故此，國內通脹數據一直低迷。今時今日，分析通脹不能再以半世紀前的眼光去審視。全球化下，資金自由流動，一個國家通脹高低，除了看其貨幣供應，還審視她的體制所促成的資金流動，看看資金往

哪裡跑？從日本例子，就看到通脹數據並非百分百反映當地生活成本，日本人的生活成本一點也不輕，只是這種偏高的生活成本不是衣食住行、柴米油鹽的一般通脹數據，而是反映在政府稅率上。

生產力上升　抵消通脹

另一個被許多人忽略的通脹關鍵是商品供應量。現代貨幣體系是建基於凱恩斯（John Maynard Keynes）、佛利民（Milton Friedman）等的經濟學說，主軸是通過增加貨幣供應，製造通脹，刺激經濟。因此，許多黃金投資者都抱有以下觀點：如果市場上有100件商品，政府印鈔1000元，商品價格是10元，那麼政府多印1000元，流通貨幣增至2000元，順理成章地，該商品便會漲價1倍至20元。

他們相信政府持續增加貨幣供應，超級通脹就會降臨，黃金必大升。過去十多年各國加大力度量寬，貨幣供應急速增長，更加鞏固了這種信念。

這觀點忽略了一個重點，貨幣供應增加導致商品價格上升的大前提——商品數量不變。套用上述例子，就算政府多印鈔2000元，流通貨幣增至3000元，只要商品供應量同時由100件增加至300件，價格亦會繼續維持10元，不會構成通脹。

回顧過去40年，美元供應一直持續增長，但是美國的通脹數據自八十年代從高位14%回落至5%以下後，便很少再升過5%門檻。近十年印鈔進一步提速，但是美國聯儲局制定的2.5%通脹目標大部分時間未到達，美債市場吸納大量美元只是原因之一，另一主因是全球生產力的提升。

第二次世界大戰後，雖然爆發了多次地區軍事衝突，包括韓戰、越戰等，規模都及不上第一及第二次世界大戰，對全球生產力沒有造成明顯打擊，過去40年呈穩定增長。以農產品為例，1960年全球小麥產量約2億噸，到2019年已近7億噸，增長近3倍，其他農產品包括玉米、白糖、棉花等都有可觀的產量增長。

圖表4.5　全球小麥產量上升

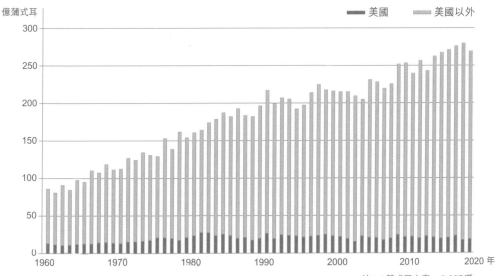

註：1蒲式耳小麥 = 0.027噸

上世紀七十年代環球曾面對強勁通脹，美國一度實施價格管制，不過步入八十年代，通脹逐漸回落，許多分析認為是當年聯儲局的高息政策降伏通脹。筆者認為，此觀點未免過於簡化，事實上1980至1981年的美國基準利率處於高位，通脹率仍高達10%以上，跟七十年代相差不遠。從美國的通脹數據看到，整個通脹回落的周期恰巧始於中國改革開放。

1978年中國出口總額才206億美元，到2000年數字已經升至5000億美元，增長25倍。中國發展成為「世界工廠」，釋出廉價勞動力，從農業到工業，從原材料到天然資源，向全球輸出大量商品，也對降伏全球通脹起了很大作用。

石油危機　誘發成本型通脹

那麼，哪類通脹會引發金價上升呢？回顧七十年代的全球高通脹，跟兩次石油危機密不可分，隨着美國在中東的勢力受到打擊，親美伊朗巴列維王朝被推翻，新上台的革命政府與美國爆發激烈的外交衝突，伊朗停止向歐美出口石油，供應一下子出現每日500萬桶的缺口，伊朗石油輸出量及石油輸出國組織（OPEC）的產量在1978至1980年急挫。油價急升，通脹隨之升溫。

許多商品都依賴石油作為能源生產，作為世界最主要的大宗商品

之一，油價猛漲引發連鎖效應，推高通脹及金價。恰巧又碰上世界局勢不穩，逐演變成完美的通脹風暴。1979年蘇聯揮軍入侵阿富汗，美國的國力受到巨大質疑，連帶其貨幣信用亦受動搖。雙重夾擊下，美元被拋售，美匯指數從1973年的108下挫至1980的88，7年間貶值兩成，為通脹火上加油。

後來美國運用外交政策技巧，成功拉攏沙特阿拉伯提高石油產量，同時扶持伊拉克對抗伊朗新政權，引發兩伊戰爭，抗衡伊朗在中東的發展，延續美國在中東的影響力。隨著石油供應穩定下來，世界對美國對美元逐漸恢復信心，加上中國成為「世界工廠」，提高全球商品供應量，通脹才慢慢退卻，一直走到今天，

延續了四十多年低通脹時代。可以說，當年降伏通脹是穩定商品供應的結果，而非單單是聯儲局政策的功勞。

成本型通脹　難靠息口政策解決

那個年代流行說「成本型通脹」（Cost Push Inflation），它跟八九十年代的「需求型通脹」（Demand Pull Inflation）是不同的，後者是因為貨幣供應增加，拉動需求，引發的通脹相對温和，且可以通過央行調整貨幣供應或息口去壓抑。前者則因供給問題產生，例如供應鏈、生產技術等問題，生產者被逼剛性地提高價格，形成成本上漲，引發通脹。1973至1974年，石油輸出國組織突然把油價提升4倍，到1979年又突然提價，就是「成本型通脹」的典型例子。無論是哪種原因促成，「成本型通脹」是難以透過央行調整貨幣供應或息口去控制，一旦出現，很難馴服。

我們從當年的新聞可看到其可怕之處。1979年，日本的批發物價指數年漲率高達17.5%，這是由於日本缺少石油資源，大部分得靠入口，國際油價飛起，亦令日本通脹也無法收拾。為了壓制油價攀升，美國實施了價格管制，可效果有限，更因油價無法提升，國內產油變得無利可圖，難以增產，1979年卡特總統只好簽署法案，解除原油價格管制，結果油價進一步升至歷史高位，每桶超過70美元，同期我們亦看到金價一同飛升至歷史高位。

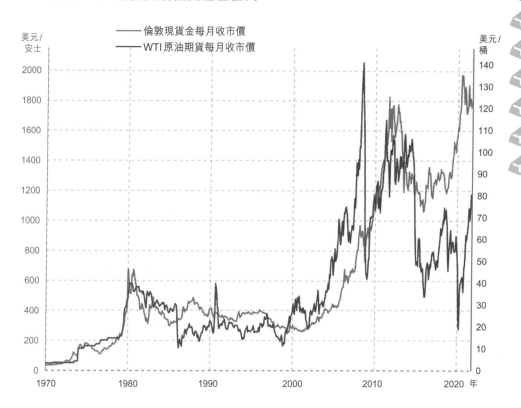

圖表4.8　金價與油價關連性甚高

—— 倫敦現貨金每月收市價
—— WTI原油期貨每月收市價

美元 /
安士

美元 /
桶

筆者認為，七十年代的高通脹帶出兩個重要訊號，值得黃金投資
者留意。第一、**大宗商品的通脹，尤其基本生活物資，如糧食、
能源、木材、金屬、礦產等，最有利金價**，如果投資市場的資金
湧進這些資產，金價很大機會隨之大升。

第二、基本生活物資的通脹，其實顯現政府管治能力，反映的是政府對資源、勞動力分配、運用，對國家生產力和生產技術，以至社會、政治、經濟的整體駕馭能力。**高通脹周期來襲時，許多時候亦是政府管治失效、失衡，政治、經濟、社會同時面臨危機的時期**。很多黃金投資者關心的貨幣政策，是政府管治能力的其中一個組成部分，不是唯一決定因素。

投資黃金，分析金價前景，我們需要看得更深更廣，尤其要留意像七十年代高通脹的兩種訊號，現在到底出現了沒有？

第5章
全球供應鏈崩潰
啟動高通脹周期

第 5 章
全球供應鏈崩潰
啟動高通脹周期

通脹二字是切身的感受，不難理解，就是生活成本上升，東西愈來愈貴了。像七十年代末香港流行曲《加價狂潮》描述那樣：「煙加！酒加！屋租加！巴士加！的士加！多士芝士乜都加！加！加！加……糖又加！鹽又加！」生活成本百上加斤，就是高通脹下民生的最佳寫照。

當年，世界各地通脹率普遍推高至10%，為了捍衛紙幣購買力，息口也被逼推至10%以上，對今天許多人來說，相信是無法想像。1980年後出生的投資者，習慣了接近無成本借貸的低息環境，或許只能在字裡行間揣摩通脹，全球性的物資短缺，近乎天方夜譚。不過，當踏入2020年不久，新冠疫情肆虐全球，推動全球供應鏈走向崩潰，人們對高通脹危機意識的不足，可能是構成高通脹重臨的一個重要元素。

循環理論大師　預測商品短缺

有瀏覽筆者網站及博客的，一定對「當代經濟循環理論大師」馬田‧岩士唐（Martin Armstrong）（以下簡稱馬田）不陌生。筆者追看馬田的分析多年，覺得他自創的「經濟信心模式」（Economic Confidence Model）分析方法頗有見地，雖然短期分析未必全然準確，需自行分析篩選，但對長期走勢分析，準繩度頗高，他利用「經濟信心模式」，多次成功預測影響投資市場大局的事件。

早於2013年，他便發表分析文章 "Commodity Price into 2032"，預測直至2032年，商品價格將會到達歷史一個頂峰。他在2018年發表了 "Why Has Farmland Explode in Price? The Accidental Trend Correlation"，預測商品迎來爆發周期（Commodity Boom），並指出商品價格會於2020/2021年，及2024年出現重大轉折。2024年5月7日前後，商品價格會升至一個高位，然後再向2032至2035年的終極高位進發。馬田認為，商品爆發的主要原因是世界面臨供應短缺，並形成新一波高通脹。

最初看到他的觀點時，筆者半信半疑。2020年前的世界，縱然存在不少政經、社會問題，但整體生產力穩步向前，沒有多少供應短缺的徵兆。

萬萬想不到的是，當世人慶祝踏入2020年不久，新冠疫情就在全球迅速蔓延，這是自1918年西班牙流感以來，另一場肆虐全

球的世紀疫症。很多人過了一輩子亦未曾經歷過這樣的大事。全球航空業、旅遊業近乎停頓，香港的國泰航空（0293）更需要香港政府注資拯救，中國政府史無前例地於武漢實行「封城」（Lockdown），其後多國政府亦相繼推出這種措施。

來到執筆時的2021年10月，多地更出現變種病毒，疫情仍然沒有任何消退的跡象。2021年初全球每日受感染人數曾降至不足2萬，但到了10月初，人數又再度攀升至接近20萬。美國是全球疫情最為嚴重的國家之一，根據美國疫控中心（CDC）數據，執筆時全國感染人數高達4千萬，死亡人數達67萬，超越了美國建國以來所有內外戰爭陣亡人數的總和。

很多人想也沒想過，美國號稱「世界第一先進國」，疫症下是如此的不堪一擊。碰巧的是，2020年疫情大爆發之年遇上總統大選。兩位候選人特朗普（Donald Trump）和拜登（Joe Biden），及其代表的政治勢力，就着抗疫措施、疫下選舉辦法等，激烈爭論，妨礙了抗疫措拖的推行，為疫症擴散火上添油。

商品價格陸續創10年高位

疫情下，環球金融市場受到巨大衝擊，2020年1至3月，道指於兩個月內重挫超過40%，十天內出現4次「熔斷」。恐慌情緒更引發資產拋售潮，包括黃金、農產品等價格下挫。

不過，沒多久，多種商品就從極端低殘的價格中反撲過來。銅價從2020年4月開始，12個月內升了近2倍，創出50年新高。木材期貨短短4個月內升了3.6倍，也創歷史高位。棉花、玉米、石油等都大幅反撲。金價亦一樣，2011年創出的1920美元歷史高位，終於2020年8月初被打破，倫敦現貨金最高曾見2075美元，其後回落了近一年，但並未跌穿長期升勢，於1680美元有強大的支持力。

圖表 5.1　期銅價格 1 年升近 2 倍

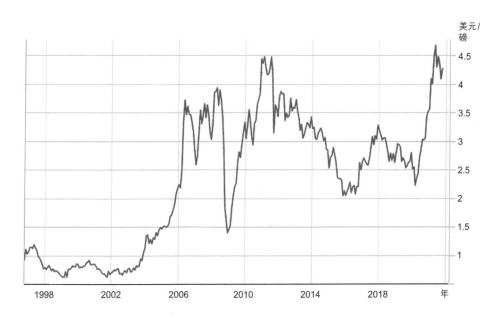

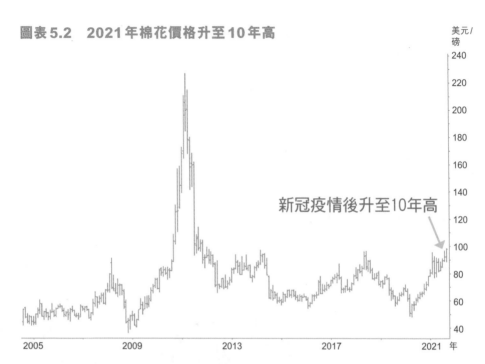

圖表5.2　2021年棉花價格升至10年高

美元/磅

新冠疫情後升至10年高

生產力倒退引發通脹螺旋

為何商品價格會大反撲呢？因為疫情及防疫措拖影響了許多商品的生產及其供應鏈。這種影響是無遠弗屆的，疫前的世界有一套行之有效的生產、製造、分工、物流等的架構，疫後卻被病毒設下無數「關卡」。先別說直接因疫情而停工停產停運，單是防疫措拖已妨礙了許多生產「運作」，如工人進入工廠要量度體溫，工作時要保持社交距離，工廠人數因而減少等等。當整個世界無數人都得花時間、精神去防疫，每人一分鐘，數十億合起來就是

數十億分鐘，無疑是破壞及打擊環球生產力，用經濟學術語來說，就是「生產力倒退」。疫症對環球生產力的衝擊，其實無異於戰爭，如果說戰爭是即時破壞生產力，這場疫情更像是「慢性自殺」。

對某些行業的生產，影響更是即時的，例如貴金屬礦業。疫情下，分佈全球各地的多個金礦銀礦項目被逼停產或減產，根據S&P Market Intelligence報告，截至2020年6月25日，全球84個金礦項目受影響，包括墨西哥Penasquito及El Limon Guajes兩大金礦、加拿大Detour Lake金礦、秘魯Yanacocha金礦、阿根廷Cerro Negro金礦等等。白銀則有21個項目停產，如秘魯

Inmaculada 及 Uchucchacua 銀礦、墨西哥 Dolores 銀礦，集中南美產銀大國。這個機構估算，2020年全球減產了約1億安士黃金及8億安士白銀。

疫情亦打擊了國際糧食供應鏈，2020年1月後有十多個國家實施了糧食出口限制，出口大國俄羅斯2020年3月底宣布，暫停小麥、黑麥、大麥、玉米等糧食出口6個星期，以保證疫情期間的國內糧食供應，雖然其後撤銷了相關限制，但已對全球糧食供應造成一定的斷層。到2021年9月，根據聯合國糧農組織（FAO）數據，全球糧食價格比2020年同期上漲了32.9%，升至10年高位。

圖表5.3　2021年國際糧價升至10年高

資料來源：聯合國糧食及農業組織

工業生產也受到疫情衝擊，2021年7月初，越南胡志明市多間工廠停工，涉及Adidas、Nike、GAP等多間歐美休閒及運動服品牌。到了9月底，高爾夫球具及用品代工龍頭台灣復盛應用（6670.TW）亦公布越南工廠停工。中國則因為煤炭價格上漲，多地實施限制電力供應，導致工廠停工，Apple及Tesla宣布部分中國生產線停工。中國是世界工廠，製造業局部停頓，很可能深化其他國家的供應短缺問題，從而推高通脹。

通脹是環環相扣的，生產一種商品時，通常要依賴另外幾種商品，例如農業耕作需要用上機器，機器以金屬製造，同時用燃料推動，故此農產品的通脹並不只是農產品本身，同時還有燃料、金屬等等商品的通脹，並且會反過來影響其他商品。因為人類需要糧食，當農產品通脹，增加生活成本，亦會誘發加薪要求，工資上升又會推高其他商品的生產成本，繼而推高價格。故**高通脹往往螺旋式地牽引各種商品價格相互拉動上揚，出現後便不容易消失。全球高通脹，沒有地方可以獨善其身。**

筆者發現，疫情爆發後，除了農產品價格上揚，一些農業股亦扭轉了長期跌勢，就算大市短期調整，走勢都十分堅挺，例如美國上市的Invesco德銀農業ETF（DBA）、VanEck農業企業基金（MOO）等等，都預視著聰明錢已開始為這場高通脹風暴作部署。

新冠疫情雖然曾重挫油價，同時因為油價低殘，令頁岩油生產成本過高，失去競爭力，不少頁岩油公司於疫情中倒下，如美國頁

岩油龍頭切薩皮克（Chesapeake）便於2020年6月底宣佈破產。雖然其後油價上揚，支持了能源價格，令這間公司於2021年中退出破產程序，但該公司破產期間，頁岩油生產完全停頓，已對美國能源供應造成一定打擊。美國的能源價格於2021年第二季開始急升，6月的價格較2020年同期上升4.5%，成為通脹率上升的領頭羊。

2021年9月30日，美國聯儲局主席鮑威爾（Powell）在歐洲央行一個會議上表示，通脹持續的時間將超過預期。鮑威爾發言不久，法國公布9月通脹數據，升至10年高的2.7%，其中能源價格按年急升14.4%。德國公布的9月通脹比法國更甚，攀至1993年以來的新高，達4.1%，是近30年來最快速的按年增長。英國防疫措施拖慢了新司機入職，令重型貨車司機不足，物流運輸受阻，造成天然氣供應短缺，價格兩個月內急升70%，一年計更升了250%。

高通脹周期長逾5至10年

不過，跟所有經濟周期一樣，通脹周期說的是5年、10年，甚至更長時間的事，期間亦會有波動。當資產價格升到一定程度，過多資金押注其身上，例如追入商品期貨，價格升過龍，調整自然出現。踏入2021年第四季，許多商品包括期銅、玉米、木材等都出現顯著調整，黃金、白銀亦不例外。

執筆時金價於 1750 美元上下徘徊，銀價跌至 1 年低位，每安士不足 23 美元，許多投資者被突如其來的調整嚇至信心動搖：金銀價格才經歷了 2011 至 2016 年的 5 年調整後，再創歷史新高，現時又大幅下挫，會否又再次陷入數年的低迷？筆者相信機會很低，現時是入市的良機！因為一個長期高通脹周期極大機會已經成形，而金價在高通脹周期往往有驕人表現。

其實，部分經濟指標及數據已出現非常危險的訊號，為高通脹提供了養分及基礎。其中一項是美元實際利率（Real Interest Rate），我們在第 3 章曾解釋過它的意義。回顧過去 100 年，在 1940 至 1953 年，及 1974 至 1980 年，美元實際利率均跌至接

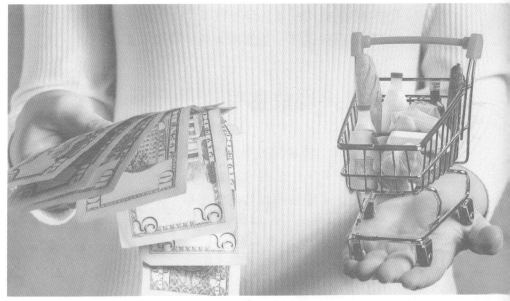

近 -5% 以下，通脹率則於 5% 以上，反映高通脹周期為時 5 年，甚至長達 10 年以上，很難消退。不約而同，此兩段時期的政治、經濟都極為波動，1940 至 1953 年正值二次大戰及韓戰，1974 至 1980 年則經歷石油危機、美國敗走越戰、伊朗伊斯蘭革命等。

在這兩段時期，商品價格都大幅上揚，貨幣的購買力大幅流失。不同的是，由於 1940 至 1953 年仍然處於金本位時代，黃金是法幣，美元只是它的代用券，黃金與紙幣間的兌換率恒常固定，通脹意味着貨幣購買力的喪失，人們需要用更多黃金買東西，即黃金購買力下降了，「金價」期內大約降了 50%。

1974 至 1980 年已是另一個世界，因為美元於 1971 年與黃金脫鈎，出現了「金價」——黃金與法幣之間的兌換率，當高通脹降臨，貨幣貶值，黃金與其他商品自然大漲價了。**目前的世界跟 1974 至 1980 年相同，處於浮動匯率（Floating Exchange Rate）時代，如果高通脹重臨，金價極大機會像當年數以倍計地飛升。**

美元 40 年再現負利率

2021 年 5 月最後一個星期，美元實際利率 40 年來再次觸及 -5%，到了 6 月，通脹率升至 5.39%，實際利率一度低見 -5.34%。如果參考上述歷史，高通脹的訊號已經出現。

圖表 5.4　美元實際利率跌穿 -5%

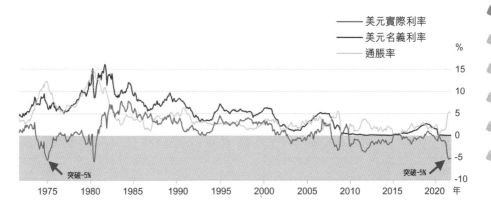

1974年12月，美國通脹率12.34%、基準利率7.14%、美元實際利率首度跌穿-5%，低見-5.19%，當時金價約每安士180美元。5年後，1980年1月，通脹13.91%、基準利率11.77%、實際利率降至-2.14%，金價則升至最高850美元，金價5年間上升4.72倍。若以此幅度推測，2021年5月的金價平均1840美元，有可能於5年後高見每安士8684美元！

美債實際利率跌至負數

跟美元實際利率一樣，美國國債的實際利率亦在高通脹下呈現負值。筆者於第3章已經解釋過美債市場的基本運作，反映美債回

報的是孳息（Yield），孳息經過通脹調整後的數值就是美債實際利率了。當美債實際利率變成負值，意味着投資美債也變成「負回報」，即等同借貸給美國政府不但沒有利息收取，還要倒過來付款給美國政府。常識告訴我們，這是違反常理的，沒有人會借錢給他人，沒利息收之餘，還付款給對方。

2020年初，10年期美債實際利率跌破零。到了2021年8月，低見-1.2%，直至執筆時，負回報情況都沒有改善，一直在-0.5%至-1%之間上落。

圖表 5.5　美 10 年期國債實際利率

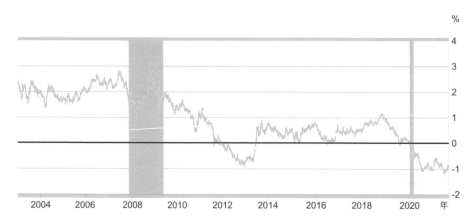

這種「負回報」雖不是首次，過去半世紀卻極罕見。它曾經於2012至2013年維持了18個月，10年期美債低見-0.86%。只是，期內通脹一直低於2%，不如今天般日漸升溫，加上當時美國走出金融海嘯的陰霾，經濟改善，失業率下跌，聯儲局加息空間及預期上升，美元匯價上揚，金價並未能從美債「負回報」中受惠。

我們可參考1976至1980年的情況，當年處於高通脹時期，結果完全不同。1974年12月當通脹是12.34%，美元實際利率處於-5.19%時，10年期美債孳息是7.4%，美債實際利率是-4.94%。美元及美債皆處於大約-5%的「負回報」。當通脹持續升溫，沒有消退跡象，美元及美債亦同時遭到拋售，投資者為保購買力，追入黃金、白銀、石油。

美元美債兩難存

筆者在第3章已解釋過，美債在加息潮中會逐步失去資金載體的功能，資金從債市流出，有機會推升包括貴金屬在內的商品價格。同時，利息又是維繫貨幣價值之信心所在。當美元及美債同時因為高通脹，跌至「負回報」，遭到離棄，政府應該加息還是不加息呢？加息有利美元，不利美債，不加息有利美債，卻不利美元，如何是好？保美元還是保美債？

1975至1980年高通脹下，美國政府面對前所未有的巨大困境。最終美國政府選擇了保美元，暫時放棄美債，逐漸將美國基準利率從5%至7%提升至1980年底的15%，壓制美元的拋售潮。同時定期拍賣國庫黃金，捍衛美元價值。只是當息口上升，債券吸引力喪失，美債市場規模萎縮，資金逃出，追逐商品，將金價推至歷史高位。

現時情況與1970至1980年有很多相似之處。**通脹逐步升溫，把美元及美債的實際利率雙雙壓至變成「負回報」。**金價曾於1976至1980年上升了7.3倍，如由1971年金本位解體計算起，更大升24倍。

10年期美國國債孳息於2020年3月挫至0.318%的歷史低位，意味着債價升至歷史高位。借錢給美國政府10年，才有0.318%的回報！於是，國債孳息逐漸上揚，債價逐步下挫，至2021年10月執筆時，10年期美債孳息已升至1.3%以上。

筆者相信，美債市場已經於新冠疫情中見了歷史的終極高位。持續了40年的美債牛市已經在疫情中結束了，七十年代美國政府面對的美元美債兩難存的困局步步進逼，只待疫情將通脹進一步推高，困局進一步加深，黃金將如七十年代般再次受到全世界投資者大力追捧。

第 6 章
國債危機「延燒」
資金散水

第6章
國債危機「延燒」 資金散水

高 通脹周期雖然已經蠢蠢欲動,不過本書與一般看好黃金的意見不同,雖然「亂世買黃金」,但不是所有危機都會有利金價,唯獨主權債務(國債)危機發生才是引爆金價的「主菜」,就如2010至2011年歐債危機爆發,催化金價曾炒至每安士1900美元。2019年金價開始上揚,筆者認為只是聰明錢提早流入所致。倘國債危機出現,金價勢將更上一層樓。

債務貨幣的發行機制

要說明國債危機前,我們得先了解當今世界的主要貨幣發行制度,這項因素未必能決定金價短期走勢,卻是構成通脹的基本因素。

當今世界許多國家採用的貨幣發行機制，普遍稱為債務貨幣（Fiat Money），最具代表性的是美元。作為世界主流交易及流通貨幣，許多人都信賴它的價值，甚至許多與美國敵對的國家都擁有美元儲備。不過，你可知道美元是如何被創造出來？它以甚麼作為價值基礎？為何一張紙會擁有如斯購買力？

許多人以為貨幣是政府或銀行印出來。非也！債務貨幣的發行涉及一個複雜的系統，而「債務美元」關鍵其實是聯邦儲備系統（Federal Reserve System）。美國聯儲局並非一間公營機構，部分成員如主席雖由美國政府委任，主要成員則是私人金融機構，包括花旗銀行、美國銀行、高盛證券、摩根大通等。聯儲局掌握着影響全球金融市場的決策權力，包括決定美元利率、美國國債利率等。這麼重要的權力由一間非公營機構掌控，有利益衝突嗎？

過去一個多世紀，美國政界有過激烈的爭論及角力。有觀點認為美國憲法已授權政府發行美元，在貨幣發行如此重大的權力上，不應容許私人參與其中，此觀點以第三任總統傑克遜為代表，任內一度終止聯儲局前身——美國第一銀行（The First Bank of United States）的發鈔權。林肯總統也計劃繞過中央銀行，由政府直接發鈔。另外，1963 年，甘迺迪總統曾頒布《11110 號總統令》（*Executive Order 11110*），概念相同，都是收回政府印鈔權。但不約而同地，三位總統都遇刺，兩死一傷，引起不少陰謀論。

伴隨着爭論的是美元發行機制的逐步確立。美國國會於十九世紀初曾通過多個法案,包括1913年《聯邦儲備法案》(*Federal Reserve Act*),其核心基礎就是以債務支持美元價值,運作至今,接近百年。系統下,美國政府沒有權力直接發行美元,必須先發行政府債券,交給聯儲局作為抵押品。之後聯儲局會送回一張等額的聯儲局支票(Federal Reserve Check)給美國政府。美國政府再將這張支票存回聯儲局,變成一筆政府存放在聯儲局內的存款,政府需要提款來用,聯儲局就會委託美國鑄印局印製美元,交回政府,如此就產生了一筆在市場上流通的美元。

這個系統有兩大關鍵。**第一、流通的美元背後是美國政府的債券,聯儲局接收了美國政府的國債,再印鈔給政府,名義上等同貸款給政府。第二、跟所有債務一樣,國債需要支付利息。假設**

政府發行1000美元國債抵押給聯儲局，從而獲得1000美元，利率5%，到清還國債時，便需要交給聯儲局1050美元。但從聯儲局獲得再流入市場的資金合共只有1000美元，政府又沒有自行印鈔權，何來有1050美元交給聯儲局？所以，政府只能再發行國債，獲得更多美元了。

無休止債務輪迴

以上只是美元發行機制的簡化概念，實際操作時還要留意存款儲備金制度（Fractional Reserve Banking）。政府獲得美元並開始花錢後，透過這個制度就會產生更多美元，當某些人或機構為政府提供商品或服務，例如建築公司幫政府興建大樓，獲得政府支付的美元後，可將它存款到銀行，銀行就可將這些存款劃為儲備金（Bank Reserve）。根據十八世紀確立的10%存款儲備金制度，銀行有權發行比這筆儲備金多90%的美元。先決條件是必須有人向銀行借貸，銀行才可以找鑄印局印製美元。當這些借貸出來的美元，部分再度被當作存款存入銀行，銀行又會多了筆準備金。

另外，美國政府除了向聯儲局抵押國債，借入美元，亦可通過公開拍賣國債、徵稅、出售國家資產，如土地、礦產等方式，獲得美元。只是，在債務美元系統及存款儲備金制度下，所有流通的美元本質上都是債務，背後不是國家欠下聯儲局的債務，就是債務人欠下的銀行債務。

債務創造不能停止，因為債券需要支付利息，債務人向銀行借貸固然需要，美國政府抵押給聯儲局的國債亦一樣，但流通美元總量只等同債務總額，並不包括利息。

在整個資本市場，若所有債務人想清還本金連利息，是不可能的。原則上政府或債務人必須再度借貸，產生更多美元，才有錢支付利息，但再度借貸又會產生新債，變成無休止的債務輪迴。債務創造不能停下來，否則便無法支付利息，此系統只有通過不斷製造債務，才能維持運作。故此這麼多年來，美元流通量總在增加，而且美國政府和美國人的負債總是不斷增加。美元這種發行機制，先天性造成貨幣供應愈來愈多，為通脹營造了一個長遠而堅實的基礎，亦為貨幣及債務危機埋下伏線。

貨幣流速預示金融危機

甚麼是貨幣危機？不就是通脹失控了！商品短時間內急速漲價，貨幣購買力快速流失，不能承擔起財富及剩餘勞動價值的功能。普遍人民不想持有政府法幣，只要手上有錢，就會快速將之變成實用商品。

貨幣危機中的一個明顯特徵是貨幣於市場上運轉的速度會加快，稱貨幣流速（Velocity of money circulation）。當然，這不一定

意味着資金流入大宗商品市場，如石油、黃金。例如九十年代貨幣流速也上升不少，卻流入其他領域。但是，貨幣流速上升，普遍是貨幣危機的一個特徵。

七十年代是一個經典的貨幣危機例子。它的出現可追溯至六十年代，美國經過韓戰、越戰等政府開支大幅擴張，美元信用受到質疑，當然仍然奉行美元與黃金掛勾的金本位制，但全球各地則出現高於美國官價的金價，從民間到國家牽起一片擠兌風潮，拿着美元向美國政府兌換黃金，法國更一度以戰艦載着美元，前往美國兌現黃金。結果，美國政府的黃金儲備持續流失，從2萬噸下滑至不足1萬噸。終於，官價無法維持下去，於1971年宣布放棄金本位，美元從此不能再兌換黃金。

圖表 6.1　七十年代美國 M2 貨幣流速

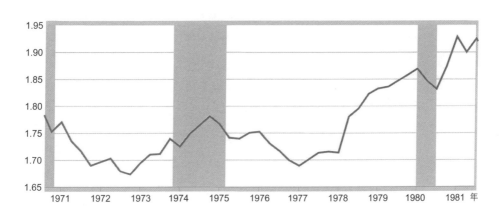

失去黃金支持，美元危機進一步發酵，再同時遇上石油危機、商品大漲、通脹加速……美元被這些負面因素前後夾攻，不斷遭拋售，貫穿整個年代。**貨幣危機是一個過程——貨幣價值遭質疑、商品持續漲價，最終蠶食貨幣的購買力。**面對這種困局，唯一解決方法就是提高貨幣的回報，即提高息口，給予持有者更多利息，寄望他們不拋售貨幣，這就是於七十年代中後期，美國大幅提升息口的因由。

加息周期展開　力保貨幣地位

近幾年高通脹逐漸現身，多國貨幣貶值，面對貶值，這些政府採取簡單手段，就是快速提升息口，如俄羅斯、印度政府都逼於無奈相繼加息。2021年至今，俄羅斯央行已經加息4次。該國通脹率同樣高企，6月通脹率升至6.5%，是2016年8月以來最高，在7月，央行將利率由5.5%上調至6.5%，是2014年底以來最大的加息幅度。至於南美國家委內瑞拉，執筆時2021年10月，其官方息口已超過50%，通脹率為1946%。

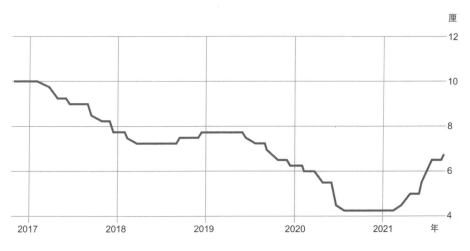

圖表6.2　俄羅斯央行持續加息

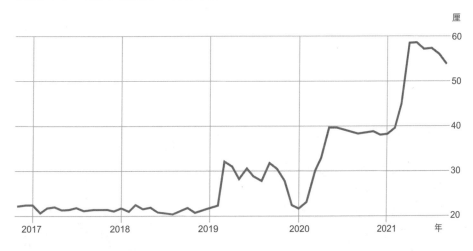

圖表6.3　委內瑞拉息口超50%

假設此情況在美國發生，後果會如何？聯儲局會陷入一個兩難局面，因為加息會進一步打擊投資市場及經濟，美國農場破產率近年因局方加息，已經升至歷史高位。不加息，於通脹升溫之下，美元的價值會進一步被削弱。有時候加不加息，不是政府說了算，如果同時遇上貨幣危機，加息就是保護貨幣地位的無奈舉措。

關於加息、減息的迷思

筆者已在第 3 章首節「誤區：加息不利金價」略談利息與金價的關係，這裡再從息口等因素詳細分析債價下跌及債務危機。

跟樓價／租金的關係不同，債價和息口的關係是成反比的。由於債券拍賣後，債主只按固定利率收利息，到期便收回本金，所以，加息是指後來新拍賣的債券息口提高，令之前的債券相對沒那麼吸引，所以債券作為投資產品的價值下降。

圖表6.4　1928至1929年美國加息　道指迎大牛市

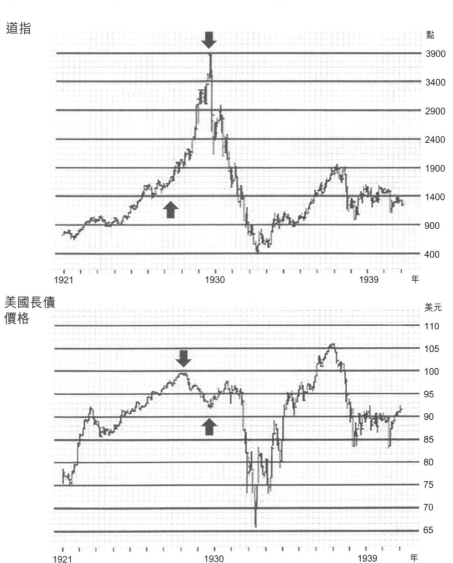

道指

3900
3400
2900
2400
1900
1400
900
400

點

1921　　　　1930　　　　1939　年

美國長債
價格

110
105
100
95
90
85
80
75
70
65

美元

1921　　　　1930　　　　1939　年

資料來源：Martin Armstrong

市場分析普遍認為，加息不利股市和金市，例如 1981 至 1982 年聯儲局提高息口，美股下滑了 20%（當年約從 1000 點下跌至 800 點，為時 1 年），但如果回顧更早年代，1927 至 1929 年的加息卻帶來完全不一樣的結果，當時股市瘋狂暴漲，形成 1928 至 1929 年間的大牛市。

政府是頭號債仔

南轅北轍的走勢，源於兩段時期人們對政府角色有不同的理解。上世紀二十年代，當時人們對商品及息口的看法，就是遵循基本的供求邏輯：經濟擴張需要更多資金，資金追逐會引發借貸成本（息口）上升，所以息口上升是經濟擴張向好的表現。這又涉及政府的角色，因當時政府開支有限，投資市場由私人資產主導，投資者認為息口上揚意味私人市場增加對資金需求，經濟擴張，故看好股市，形成了 1929 年的大升市，亦為其後的世紀股災埋下藥引。

不過，之後投資者卻有不一樣看法，由於國際主流轉為採取擴張性的貨幣政策，當息口下降，市場普遍認為經濟會擴張，因為借貸成本低了，資金泛濫；息口上揚，市場會認為政府傾向收緊資金。而政府角色也轉變了，**政府已成為市場上最大的借貸人，經濟下滑意味稅收減少，負債將會上升。**

買私債拋國債

若然可見的未來，美國聯儲局的息口政策，勢將影響債市及金市。債價是否會穩如泰山？可會有資金推升金價？債價的走勢與金價相反，逆轉時機往往非常接近，反映的可能是從債市流走的資金，正逐步或部分流入金市。筆者相信這只是起步，極端時期，每加一次息，金價就愈升一級。

其實，除了聯儲局息口，亦不得不留意私人市場的息口，聯儲局不加息，不等於私人市場、公司債的息口不會上升。

通脹也會令商品投資的情緒升溫，私人市場的借貸炒賣亦會增加，有機會抽升私人市場的息口，如果聯儲局的息口仍然持續低迷，公債利率與私債利率的息口差距將進一步拉闊。

一些發生經濟危機的小國例如津巴布韋、委內瑞拉，其國債持有者因怕政府違約，便爭先恐後降價拋售，令國債要用更高的息口吸引買家。債務危機令資金逃離，貴金屬和股市則是承接這些資金的窗口。經歷過2020年「大放水」時代，市場一般認為息口只會繼續下降，量寬只會變本加厲，甚至連美國也會加入負利率之列，筆者卻不抱此見。

未來的國債危機是源自自由市場愈來愈不信任政府債券，愈來愈少人會以1%至3%的息率借錢給國家政府10年，於是國債市場變成只有央行自己光顧，沒有人會出價。當自由市場的其他債券息率上升，原本持有國債的投資者大有機會沽出，投入自由借貸市場。

圖表6.5是私人市場公司債與政府國債的息差，從中可以看到兩者有一定關連性，2015至2017年，美國公司債券息口便明顯地拋離政府債息。私人債市可以完全不理會政府定出的債息，故金融海嘯時才有「世紀減息」。政府可以控制自己的息口，卻沒法完全控制私債市場的自由借貸息口。尤其當人們對政府信任程度愈降愈低，兩者的分別只會更大。

圖表6.5　美國國債 vs 公司債息差

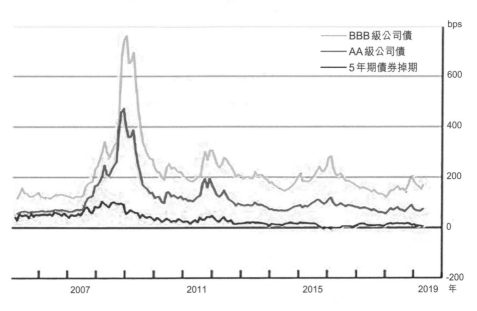

註：100bps息差相當於1個百分點的差距

所以筆者認為，即使各國央行刻意壓低利率，最終也會捱不住加息的壓力，因為當私人債市的借貸利率變得吸引，國債的收益率當然相形見絀，資金就會賣出國債，轉投較優質的公司債。

私人債市的利率上升，很大機會帶動未來的超級通脹，商品變得愈來愈貴，提升私人公司的收益，同時令他們願意以更高利率借入資金。另一方面商品價格上升反映貨幣貶值，亦有機會逼令政府加息，以維持貨幣價值，這會同時刺破國債市場的泡沫。

養老金持國債　逼使利率正常化

值得留意的是，美債實際利率早在 2017 年已突破 2.6% ——打破了長期下降軌，似是加息周期展開的先兆。更有趣是，加息可能和養老金危機息息相關。

為甚麼各國加息是因為養老金危機呢？原來很多養老金都持有國債，有些更被規定要佔總資產若干百分比，長期低息下去，會資不抵債。有統計指國債利率必須提高到 8%，方能緩減這種情況，不然，許多退休人士到期而兌換不到應得的，可以想像所造成的社會動盪有多大，這種壓力可能會迫使利率正常化。

通脹升、貨幣危機、國債危機

筆者在第 4 章結尾的提問：七十年代高通脹的兩種訊號——大宗商品的通脹、政府管治失效／國債危機，到底出現了沒有？至此我大膽回答：現在已開始現形了！

2020 年爆發世紀疫症後，各國相繼封城，令全球供應鏈斷裂，大宗商品、農產品出現前所未有的短缺。筆者預視，未來數年會因供應量不足而觸發通脹危機。由於主宰通脹的因素關係到供應鏈、疫情等等，並非貨幣政策，這些聯儲局管不到。之後通脹危

機會再演化成貨幣危機，繼而引爆國債危機⋯⋯可以確定3個危機都與息口有關係。

1）惡性通脹令貨幣購買力快速貶值

2）政府逼不得已，要加息力保貨幣購買力

3）加息，其後引爆債市

4）通脹令國債債主多年後收回的本金價值大幅侵蝕，加重國債危機

歐債危機重臨？

另外，筆者也要提醒，不要過分簡化黃金和美元的關係。有不少分析認為，和鈔票相比，黃金不能收息，所以一般認為黃金和美元是負相關，前者升後者跌，前者跌後者升，有「替代關係」，但並非必然。例如2019年6月至9月初，美元指數和金價同升，兩者似是正向關聯，筆者預期，未來幾年金價和美元同升的情況會更明顯，因為歐洲和日本會因負利率及高通脹先觸發國債危機。

要留意的是，雖然本書花費了大量章節分析美債，但筆者認為歐債才是危機主菜，只不過人們一想到國債，自然就想到美債，所以作為主流的衡量標準。正如黃金是貴金屬的「大佬」，所以佔據較多篇幅，但並不代表其升值的前景最盛。

到底歐洲出了甚麼事，導致筆者看衰歐元區及其債務呢？首先，所謂的「歐債」，並不是指單一債務，而是多個歐洲國家的債務，歐元區有 19 個國家，採用同一貨幣，卻有 19 種國債。這結構其實十分大膽，因為若投資者不放心一些財政管理不善的國家債券（例如希臘），便會立即轉投財政相對穩健、且同用歐元的德國國債，以避免匯率兌換的損失，這造成歐元區內國債利率的不對等，被追捧的國債利率下降，被拋售的國債利率上升。

執筆時，德國2021年9月通脹率4.1%、10月預期通脹率5%，德國10年期國債孳息為-0.1%。將通脹計算在內，即德債實際收益率約-5.1%。資金還會買入嗎？

圖表6.6　德國10年期國債孳息

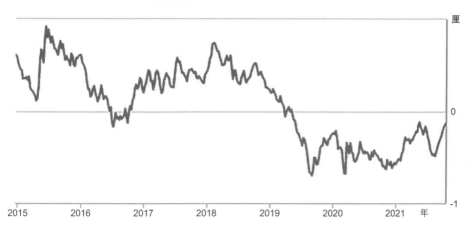

圖表6.7　歐洲多國10年期國債與德債利差

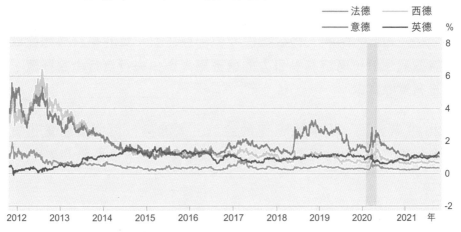

而更重要的，歐洲央行權力錯綜複雜，涉及多個國家利益爭持，例如某國發生財政危機，央行可能因為另一國的通脹壓力而遲遲未能印錢襄救，畢竟國與國的文化背景、民族習性和經濟狀況不盡相同，央行卻要實施顧及全局的政策，難上加難。雖然目前看來，歐洲央行雖會持續開動印鈔機，但始終不如美債有聯儲局百分百「包底」。

如前文所言，各國政府、央行推行負利率（歐洲於2014年試行，日本於2016年跟隨），是人類有史以來最大膽的「金融核試」，畢竟利率由有記載以來，從未試過負數，也未試過這麼低的利率，而且持續這麼長時間。

國債沒人承接

馬田．岩士唐（Martin Armstrong）曾評論道，這種量化寬鬆政策，對刺激經濟沒有多大成效，並沒有達到目標——迫使人們消費——相反，歐洲人從銀行提取現金放在家。**負利率只是勉強維持政府生計，而沒有吸引力的債券則大多由央行自行承接購買，沒有實際買家。**

2019年11月，為刺激低迷的經濟，歐洲央行再度啟動量化寬鬆，每月購入200億歐元債券，這種情況至疫情後更難「收水」，

2021年3月，歐洲央行決定繼續啟動資產購買計劃，總規模達1.85萬億歐元，並預期往後繼續加大購債力度。債券沒有實際買家——這種情況同樣在日本發生，試問一般人又怎會付息做債主？

若謂危機的嚴重程度，歐洲和日本的國債危機，確是會比美國嚴重得多，因為利率愈低（負數），造成的泡沫愈大，這種寬鬆措施已令各國的負債更為嚴重，若論負債佔國內生產總值（GDP）比重，希臘的比例約180％，日本更是誇張，比例約250％！筆者預計，爆發次序應是歐洲和日本，拖累本國貨幣，資金流向相對穩健的美國，繼而產生骨牌效應，同時推升美元指數和黃金。美元上升只會短期對金價不利，長期則有利，因為加息會令債市爆破，資金會流向金市。金價上升，代表黃金相對美元上升，但美元指數則同時會上升，因為美元比其他貨幣更顯強勢。

但到最後，投資者會擔心同樣的債務危機會否發生在美國重演，因為美國聯邦政府亦是負債累累。

第 7 章
金價將升至 5000 美元？

第7章
金價將升至5000美元？

 ___ 場始於新冠疫情的高通脹風暴已經形成！筆者相信，貴金屬在可見的未來肯定再次迎來牛市。在這個牛市中，投資者最關心的肯定是，金價究竟可以去到多高？

坊間分析甚多，投資界有些人士預測金價將升至每安士5000美元，部分金甲蟲看得相當進取，稱黃金會升至12,000美元，白銀升至360美元！對於一眾好友，這種預測令人如獲至寶，筆者則以平常心對待，但這種預期的高點，真的有可能達到嗎？

由於高通脹一般維持5至10年，甚至更長的時間，預測它何時開始？何時結束？甚難！這也不是一般技術分析可以輕易做到。如果我們想透徹理解這個周期大勢、想清楚知道身處的是一個怎樣

的周期、這個周期的資產市場大方向是甚麼？可借助馬田·岩士唐（Martin Armstrong）（下稱馬田）的周期理論，筆者已在網誌、網站及首本著作介紹過很多，本書只會略述。

循環周期理論大師　以史為鑑

馬田是金融界傳奇的對沖基金經理，他的研究方式，以史實為基，去找出不易察覺的周期規律循環，稱經濟信心模式（Economic Confidence Model，簡稱ECM）。ECM建基於一個中心思想——人性不會改變，加上自然災害持續考驗政府管治能力，影響人們的信心走向，所以歷史不斷地重複，金融市場，以至政治局勢、戰爭等都有周期循環。

他的理論除了可以用來預測投資市場，甚至可以用來預測戰爭、政治、國家興衰等等。過去數十年，馬田透過ECM成功預測了多次危機：

馬田於1987年準確預測美股崩潰，1989年，預測日經指數見頂，當年他應邀在東京帝國酒店舉行投資講座，「朝拜者」人山人海。到了九十年代，馬田於1998年7月20日標普指數見頂時，及時知會客戶，避過因俄羅斯無力償還債息、贖回債券，引致盧布瀑瀉及長期資本管理（LTCM）破產而激起的金融危機。

到了2007年，美國爆發的次按危機（Subprime Lending Crisis）出現時間，亦與ECM的變化「拐點」非常接近，後來次按危機引爆的雷曼（Lehman Brothers）破產、環球股災及金融海嘯等。特朗普在2016年當選美國總統，投資界一片看淡之聲之際，馬田是當時少數唱反調的人，早於總統大選前5日已撰文表示「特朗普的勝利只會導致股市短期下滑（Trump victory will more likely than not result in an intital drop.）。」後來他補充，指特朗普當選是買入美股的好時機，因為2016年只有55%美國人參與美股交易，比率低於1999年至2008年的平均值60%，股市勢難瀑瀉。更為重要是，馬田認為加息反而有利股市，果真往後數年，聯儲局一面加息，美股也踏入新一輪牛市。

循環理論(1) —— 私人波 vs 公共波

「信心」是整套ECM理論的核心，馬田把它分為私人信心波（Private Confidence Wave）及政府信心波（Public Confidence Wave），發現資產市場的價格，都是圍繞着這兩種「信心力量」的循環交替而變化。處於私人信心主導的周期，資金會流向私人資產，以黃金、商品、股票代表，相反則流向政府資產，以國債為代表。兩股力量持續在不同資產市場角力，周而復始地運行，構成價格的波動周期。另外，值得留意是，馬田的ECM除了有大循環，還有中循環、小循環，簡單而言，在大周期之中，雖由一種信心波主導，但另一種信心波仍然會發揮影響力，互相角力，形成逆向小周期。

私人信心波 → 黃金、商品、股票

政府信心波 → 國債

正如前章提及，當息口上升，投資市場的主流分析通常看淡金價，馬田卻認為加息有利金價，因為持續的加息會令投資者對債市失去信心，推升債券的孳息（Bond Yield）上升，導致債券價格下滑，資金流出債市，尤其是國債市場，因此推動金銀及股市上升。

不過加息導致投資者離棄債市，只是表徵。國債市場的衰落，更關鍵是政府管治能力的下滑，令人們質疑政府的理財及還債的能力，機構及個人投資者一下子相繼拋售國債，構成國債危機（Sovereign Debt Crisis）。相反，如果政府施政能令人投以信心一票，國債成為穩健的投資，到期本息歸還，國債市場就會持續發展，規模擴張。

馬田經常強調：「**黃金名副其實是一種對沖政府管治能力下滑的工具**」（Gold is the free hedge against the Mismanagement of the State）。甚麼是政府的管治能力呢？範圍很廣泛，包括了政治、財政管理、處理自然災害的應變能力，處理危機不當，會打擊人民對政府的信任，而應變能力又會受政治制度等左右。所以，馬田所指的管治能力是一個由人為與自然因素互動而成的結果。其實，進一步理解，**黃金可作為一種對沖國債危機的工具**。

簡而言之，當信心偏向公共信心波，國債會比股票、黃金做好；如果信心偏向私人信心波，資金就會逃離債市，湧向金市及股市。

馬田提出經濟周期每 8.6 年就是一個循環，6組8.6年構成一個 51.6年大周期，即市場信心大約每51.6年就會由信任政府轉為信任私人。據馬田分析，現時我們正身處私人信心波，始於1981 年，終於2035年。

循環理論（2）—— 64.61年購買力循環

筆者認同馬田所言，我們現在身處的這個年代，愈來愈加速進入私人波周期，黃金既然屬於私人資產，當人們對政府的信任下跌，金價就會上升。身為半個「金甲蟲」的馬田，早在卡特總統年代，已憑貴金屬大升浪為人生賺得第一桶金。馬田更以ECM為基礎，創立了一套捉捕金價長期走勢的理論，稱為「黃金64.61 年循環」。

馬田分析過去200年金市的歷史數據後，發現黃金的購買力大約每64年進行一次循環（準確為64.61年，但我們先省略小數點後時段），64年之中，**每36年出現一次黃金購買力低位，每29年出現一次購買力高位**。過程中雖會出現短期高低波動，但不會影響整體走強或走弱的大趨勢。

這裡我們必須先了解甚麼是購買力。所謂購買力不等同價格，因為由於金本位制度，以往政府的官方金價是不變的，但金價不

變，不代表黃金的購買力不變，因為物價會變，當物價下跌，黃金相對可以買到的東西就變相多了，即購買力上升，這在三十年代經濟大蕭條時期尤其明顯。

圖表7.1　每1000美元能購買多少黃金？

當然，如果仔細整合數據，黃金購買力的歷史高位及低點，不完全與馬田提出的年份吻合，期內有高低起伏，但如果簡單以強勢及弱勢劃分，我們可以得出一幅黃金購買力強弱循環圖。

146

圖表7.2　黃金購買力強弱循環圖

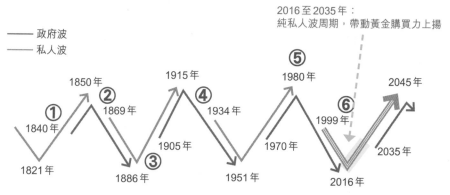

在過去 200 年，在純私人波周期，黃金購買力增長；在純政府波周期，黃金購買力減弱。黃金的購買力大約每 64 年進行一次循環，每 36 年出現一次黃金購買力低位，每 29 年出現一次購買力高位。過程中雖會出現短期高低波動，但不會影響整體走強或走弱的大趨勢。

①**黃金購買力頂點**：由於房地產泡沫爆破及銀行倒閉潮，廿多年間黃金購買力於 1840 年見頂。

貨幣系統變動：為達致獨立財政管理，美國建立聯邦金庫系統。

②**黃金購買力底點**：金價由一安士 150 美元跌至約 80 美元，1864 年見底。

貨幣系統變動：通過鑄幣法案，美國終回復金本位制。

③**黃金購買力頂點**：由 1886 年起，金價足足升了 11 年，至 1897 年見頂。

貨幣系統變動：1905 年美國確立「金本位外交」，將金本位推行至全球，擴展影響力。

④**黃金購買力底點**：黃金購買力下跌了5年，失去了一半購買力，至1920年見底。

貨幣系統變動：1934年，美國總統羅斯福頒佈《黃金法令》，私藏及買賣黃金為非法，黃金官價亦由一安士20美元調整至35美元。

⑤**黃金購買力頂點**：1951年至1980年，29年內金價翻了23倍，由35美元升至850元。但頂點不在純粹「私人波」，而是在「私人波」和「政府波」交疊時期，連馬田也應為那次是過份的鐘擺效應。

貨幣系統變動：1971年，金本位瓦解，各國採用浮動匯率至今。

⑥**黃金購買力底點**：於1999年見底，見250美元，與1980年高位相去甚遠。「十年黃金變爛銅」成為一時名言。

貨幣系統變動：1999年，歐元制度啟動，多個歐洲國家採用統一貨幣，是為歐元，乃貨幣史重要里程碑。

如果用這個循環圖來觀察1980年至1999年的金價，由每安士850美元下跌至不足250美元，其實不是偶然，而是可以從「64.61年循環」理論預視到的結果。又看看2011年9月，金價升至每安士1900美元以上，但當時屬於政府波周期，金價明顯偏離應有的歷史軌跡，屬於「超買」，於這段時間高追的投資者之後固然得到教訓，也令很多黃金好友大跌眼鏡。

2020至2024年　商品爆升周期

馬田曾發表多篇金銀循環周期的文章，指出金價最終會升至5000美元或以上。且看馬田如何計出此高點，以實際價值來衡量，1999年以來黃金的升浪，只是一次「調整」，還不算是真正的牛市，扣除通脹因素，金價至少要升至2300美元，才超過1980年的高點（約850美元）。筆者理解，1980年仍處於「政府信心波」，所以下一個牛市，即處於2016年後的牛市會更甚於前者，而透過各種衡量得出5000美元的預測。

要向此高點進發，馬田提出兩種進路。第一、道指在2015年有倍數的增長，創造股市頂部，而黃金則伴隨道指／股市成為債市崩潰的避險品；第二、根據8.6年周期，假如上一個周期轉捩點2015年沒有爆發重大危機，這種情況就會被推遲至2024年，因為2015再加8.6年，就是2024年中。主權債務瓦解，令資本大幅流向有形資產，貴金屬等有形資產成為國債的替代品。現在看來，市場應是以第二種進路發展。

2020年1月後新冠疫症橫掃全球，出現的時機亦與ECM的拐點吻合。根據馬田預測，由2020年1月17日開始，一直延續至下一個拐點，即2024年5月7日為止，世界會進入一個Commodity Boom（商品爆升）周期，商品價格極有可能於到達下個拐點時創出一個歷史高位。

在2020年1月17日至2024年5月7日的商品爆升周期之間，2022年3月14日至2023年4月10日是逆向小循環，兩個日子都是拐點。未深入了解馬田的理論，或會摸不着頭腦，十分正常！筆者也花了多年才明白當中的原理。簡單而言，拐點代表相對價格的轉變位，以2020年1月17日至2024年5月7日是金價上升周期來說：

商品周期拐點（2020年1月17日）：
金價約每安士1560美元，

逆向小循環拐點（2022年3月14日）：
金價會創出比拐點前最高價更高的價格，之後可能出現小型調整，

逆向小循環拐點（2023年4月10日）：
金價轉勢，向上再闖歷史高位，

商品周期拐點（2024年5月7日）：
金價到達最高位。

馬田也曾預測商品通脹浪潮會至2035年，就是純私人信心波浪潮的界限，但要注意，貴金屬只是商品的一種，筆者預計2024年後，金銀可能要稍作休息，購買力相對減弱，交棒給其他商品繼續增長，潛在原因或是屆時對歐美政府信心回升，但供應鏈短缺導致的通脹效應仍在燃燒。

循環理論的缺陷

以上是粗略的預測，想較準確地從這個周期中獲利，技術分析及市場觸覺也是不可或缺。筆者提醒，馬田的理論並非萬能，亦非沒有缺陷。

筆者閱讀他的分析及理論多年，其中有兩篇早期文章經常重閱，包括2009年11月寫的《黃金$5000》（*Gold $5000*）及2011年3月寫的《如何及何時》（*How & When*），兩篇都是難得好分析，以非常宏觀及廣闊的視野分析了百年來的金價走勢及投資黃金的基礎概念，部分預測非常精準，包括2010至2011年金價出現

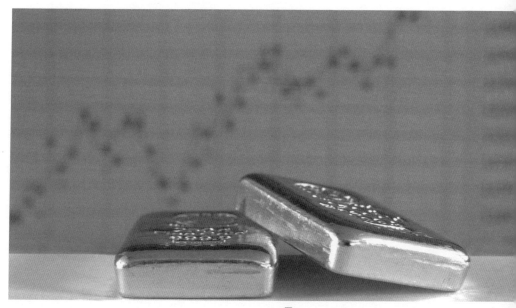

暫時的頂部，2012至2013年會重新測試支持位，有機會下終極底部1000至1100美元區間，然後以升勢進入2016年等等，都幾乎與那幾年的金價走勢一模一樣。不過當然也有些失準，包括他認為金價經過調整後，會於2015至2016年升至5000、甚至12,000美元。

筆者亦曾跟隨他的預測系統「Timing Arrays」（時機佈陣）操作，總結經驗，短期資產價格轉變的分析準確率非100%，亦非完全與ECM拐點一致。故此，我們亦需要於他眾多分析中尋找可靠的，個人分析不可或缺。

例如2020年1月17日是ECM的重要拐點，馬田預測美股將出現重大調整，於是筆者買入3倍槓桿做淡道瓊斯指數基金（SDOW）。但其實2020年1月17日並不是美股的一個頂位，正式轉勢是大約一個月後的2月12日。之後，新冠疫症就於美國急速擴散，恐慌下道指重挫，更史無前例地於10日內數度熔斷，雖然2月12日道指最高見29,568點，比1月17日高出195點，但筆者的做淡操作獲利不少。

馬田理論的時間誤差其實不時出現，而且有時跨越一個小周期。例如1994年當道指處於3520點時，他認為指數將於2015年10月1日的ECM拐點時升至3萬點。結果，這日道指最高只升至約18000點，正式接近3萬點是下一個拐點的2020年1月17日，兩個日子相差4.3年，剛好延後了半個ECM的周期。有些投資者會因為這些「誤差」而不再閱讀馬田分析，筆者覺得頗為可惜！

以ECM推算周期趨勢轉變

投資市場中短期發展變數太多,往往有過度操作,超買或超賣,許多分析都是淡時看淡,好時看好。有時轉角或突破位會提前,也會延後,而且一延就是4至5年(符合周期),而時間也是成本,須緊貼當前的政經局勢分析,隨時「調兵遣將」走位,才算是攻守有道。短期或中期分析時,馬田的理論或許不是一種好的依靠,但對於長期走勢及周期大勢的轉變,卻有很高的參考價值。**筆者認為,馬田的ECM只是提供趨勢轉變的參考,並非交易的準確日子,當價格轉變沒有順應ECM拐點出現,可能意味着一種「偏離」,早晚會糾正,而且愈偏離愈加倍糾正。**

每當到達ECM大周期拐點,投資者應該小心市場波動。筆者建議,當到達ECM大周期拐點時,不妨沽出部分投資,持多一點現金,等市場出現波動時,再根據下個周期趨勢,趁恐慌情緒下的拋售潮低位吸納,分段買入與周期吻合的資產。

例如2020年1月17日的ECM拐點後的第二季,疫情蔓延全球,非理性恐慌下,市場便出現了一陣資產拋售潮。眾多商品,包括黃金、白銀、棉花、玉米、石油等等都出現歷史低位。不過,戲劇化的轉勢很快便出現,黃金於2020年8月創出2089美元的歷史新高,白銀從低位最多反彈接近3倍,油價更在執筆時的2021年10月升至每桶70美元以上,短短一年多,從低位回升近8倍。

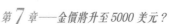

很多投資者不明所以，但其實ECM早已預測：我們正身於一個商品爆升的周期，而這個周期最少將延續至2024年5月7日。

分析師報告　賣花讚花香

除了馬田外，其他人又怎樣預測金價呢？貴金屬網站SRSrocco Report曾根據黃金於全球資產總值中的佔比計算，如果重返1980年的佔比，黃金需升至每安士12,000美元，白銀升至360美元。2021年初，多間投資銀行也發表報告，花旗銀行預測，金價一年內漲至2400美元。澳新銀行及高盛集團也持相同看法。

部分金甲蟲看得相當進取，其中著名金甲蟲 Jim Sinclair 認為新冠疫情加大政府印鈔速度，預期金價將於 2025 年見 50,000 美元，2032 年見 87,500 美元。《黃金投資新時代》（*The New Case for Gold*）作者 James Rickards 則預測金價長遠可升至 10,000 美元。

參考這些分析時，必須小心，賣花的自然讚花香，有些分析師其實受聘於貴金屬公司，自然希望投資者多購買他們產品，或多作交易，可能給出一個非常美好的遠景。筆者有一名在某大投資銀行工作的好友「山頂先生」，私下告知筆者不少行內操作。許多所謂分析報告，其實是用來調整銀行的資產部署、策略，當需要買入某種資產、平衡風險時，就會發表報告唱淡該種資產。綜合各種預測金價走勢的分析，筆者覺得以馬田的金價 5000 美元目標算是個中肯的期望。

金價再歷深度調整？

回望 2008 年金融海嘯至 2011 年歐債危機爆發，我們目睹政經不穩引發的金銀狂潮，當年投資雜誌的標題道盡了這種熾熱投資氣氛——「資金走難，全城搶金」、「存款零息，美元危機，黃金值搏，牛年新寵」、「美元續弱，白銀贏黃，三年再升三倍」。香港的實金實銀市場亦忽然活躍起來，多間貴金屬買賣公司相繼登

陸，連本地老牌金商利昌金舖也推出自家品牌銀塊，長期有充足實銀供應的中國銀行竟也一度缺貨。

但自2011年第四季開始，市場氣氛突然急轉直下，白銀並未如標題預期的「3年升3倍」，反而從高位近每安士50美元，一直跌至2016年1月18日最低的13.8美元，反覆上落至2020年才正式見底，最低至約12美元。黃金的跌幅雖沒那麼大，但亦好不到那裡去，從約1700下探1400美元區間。

由於2020年8月金價創新高後展開調整，直至執筆時仍未重返高位，很多投資者開始擔心金價會否再次陷入像2011至2015年的深度調整。筆者相信不會，如果金市繼續以「黃金64.61年」循環軌跡運行，答案非常清晰——調整已經完結，現已進入另一個上升周期，因為從2016至2045年中間29年，正是黃金購買力出現大升的時期。再根據ECM模型，現時距離預測的周期高位，僅餘二十多個月，已經沒有時間再提供一次深度調整。

金價沿長期上升軌運行

另外，從長期的月線技術走勢看到，金價自1999年的終極底部起已建立一條長期升軌。2020年8月的歷史高位並沒像以2011年那般，大幅偏離上升通道，反而剛好給上升通脹的上行線壓下，調整後又剛好於下行線找到支持點，沒有再大挫。

圖表 7.3　金價仍處長期升軌

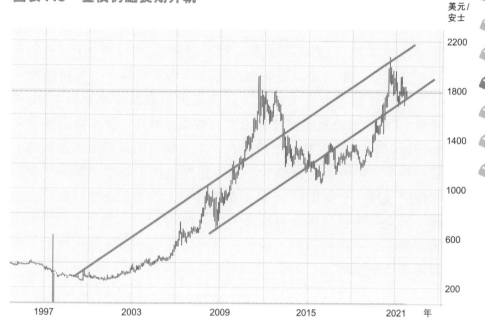

仔細看看金價走勢會發現，從2011年調整開始，金價最低正好是2015年底的1050至1060美元之間，踏入2016年卻以一波高於一波的方式向上運行。當然，29年是很長的時間，黃金不可能每天都處於上升狀態，中途可能出現調整，但無庸置疑，將是一個漫長而熾熱的牛市再度降臨。早於疫症爆發前，馬田已預測金價高位可能於2024至2025年間出現，然後與ECM的波動上落匯合，隨升隨跌，並在2035年（私人波周期結束）創出終極大頂。

緊貼金市形勢走位

不過縱使掌握了ECM的走勢密碼，經歷過2011至2015年的金價深度調整，筆者會以謙卑態度看待市場，樂觀之中保持審慎。筆者仍然建議不要過分進取，**當金價再次偏離這條始於1999年黃金19年熊市終極底部建構出來的長期升軌時，便要提高警惕，愈接近2024年的拐點，危險愈大。**始終馬田的長期預測雖靠譜，但也有失準時，轉勢有機會於接近拐點或過了拐點出現，不要追求極終頂部、不要走到ECM拐點才獲利、不要堅持等到最高位出貨。因為能捕捉到價格終極頂位或底位的人，少之又少，只要能夠捕捉到一個周期轉勢，捷足先登，即使早一點撤離，也可以有非常不錯的盈利。

時代不斷變化，周期不會百分百重複，現象不會「倒模」出現，上世紀七十年代的高通脹起因是石油危機及地區政治衝突，本世紀二十年代則源自一場世紀疫症，觀乎歐美各國政府表現，其財政管理相繼出現問題，債務負擔也愈趨繁重。兩個時代的經濟結構亦不一樣，七十年代歐美主導了全球經濟及生產力，當下中國則是第二經濟體；七十年代投資者流行買實金，將黃金視為有放儲存財富的工具，也沒有加密貨幣，當下至少追捧Tesla的投資者似乎更多，也有林林種種的加密貨幣，這可能會吸引部分資金限制黃金升幅。筆者也相信黃金牛市確會重臨，但認為未來金價升上4000至5000美元之間，應該沒有難度。

筆者認為，在這場長達5至10年的漫長熾熱的牛市中，市場就像鐘擺一樣，左右來回，中間肯定會有波動，不會長期向上或向下。正如整個七十年代的黃金牛市，其實始於六十年代的美元危機，搶金風潮前後長達15年以上，分為幾個階段。牛市往往會出現顯著的調整，1971年美國退出金本位時，每安士黃金只是42美元，至1974年底，每安士黃金已升至183美元。但後來走勢大逆轉，金價從183美元一直下跌，至1976最底見109美元，足足要再等4個年頭才回到「家鄉」，再迎接1980年的頂峰。根據黃金64.61年循環，1951至1980年正好是黃金購買力大升時期。所以留意，「金牛」發展未必急促，且不時調整，必須有耐性。年紀較大的讀者不一定要走畢整個黃金牛市，年輕的讀者則不妨買貴金屬作長期資產。

不過，筆者覺得，最重要的投資課題是掌握時機。十多年投資貴金屬的生涯中，感受尤深，曾經以為只要掌握一個長周期已經足夠，耐性可捱過長周期中的調整。事實上，逆勢中，理性與恐慌會互相拉扯，滋味一點也不好受，更容易做錯決定。

雖然筆者多年來的投資，包括金銀和股票，長期保持平均30%以上的盈利，但是若能戰勝恐慌，成績肯定會更好。無論甚麼市場、短炒或長揸，捕捉買賣時機都無比重要，甚至是勝負關鍵，找對了一個周期，卻不能於大勢轉變前撤離，一切也是徒然。

Gold $5000 及 How & When 節錄

馬田在2019年11月發表 *Gold $5000*，預期如果黃金牛市持續，
根據其循環模式，金價於2011年應該會出現一個低位，才有利
整個牛市的發展：

「2010 年金價的技術支撐位將在 800 美元。保持這一水平將保
持看漲勢頭。我們應會看到 2010至2011 年的高點會短暫維持，
會在2012至2013年重新測試此支撐位，並在2016年反彈。」

"Technical support will be at the $800 level for 2010.
Holding this will keep the bullish in place. We should see
a temporary high in 2010-2011 with a retest of support
perhaps into 2012-2013 with a rally into 2016."

但低位又指是甚麼位呢？太空泛了吧！因此，他在2011年3月寫
了 *How and When* 一文，當中提到：

「市場永遠不會出錯。對於未來的黃金牛市，一個簡單的停頓
是必要的。這就是牛市持續的方式。如果看到黃金反彈至突破

1500美元的新高,就有麻煩了。這將是一個嚴重的警告,我們現在正在完成一個階段轉換,然後可能導致2015.75的低點和此後的反彈。」

" The market is the only thing that is simply never wrong. For the bull market ahead in gold, a simple pause is NECESSARY. This is how bull markets are sustained. If we see gold rally blasting to new highs passing $1500, we are in trouble. This would be a serious development warning that we are now completing a Phase Transition that could then lead to a low 2015.75 and the rally thereafter."

這段尤其精彩,簡直將金價往後幾年發展精準地描述出來。結果如何呢?若然根據此分析於2011年7月沽金退市,你會錯過了往後3個月金價急升至1900美元的發展,但同時也避開了2011至2015年的大調整。

第 8 章
從黃金／其他資產比率
看走勢

第 *8* 章

從黃金／其他資產比率
看走勢

前文提及，黃金的購買力一直變動，就算在金本位時期，金價被官方鎖定，也可能因物價下降，而致黃金的購買力上升。基於循環理論，將金價與其他資產價格對比，當某一資產價格達至或過份偏離中軸，就會掉頭向另一資產發展，展現所謂「應有」價值。因此，以購買力分析黃金及其他資產價格，也是往後預測的重要參考。

從美元發行量　看金價走勢

近 100 年，金價（以美元計）大致跟隨美元發行量（基礎貨幣）的步伐穩步上揚，但不是任何時刻都「亦步亦趨」，只在牛市時期兩

者走勢才會貼近。所以將來那一次兩者升勢走近，很有可能是透過金價大幅提升去實現。

圖表 8.1 以美元發行量推測金價

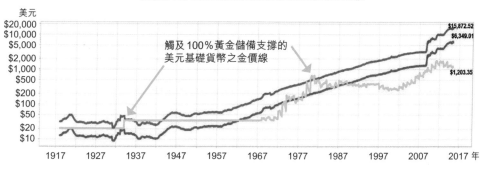

資料來源：美國通脹協會（National Inflation Association）

上世紀三十年代，美元基礎貨幣發行量增加，而黃金儲備增長量相對落後，當時金價沒有馬上追上來，因為仍處於金本位時期，金價被官價鎖定（因此 1917 至 1933 年及 1933 至 1971 年，實際金價呈橫線）。

不過，1933 年美國總統羅斯福簽署「黃金法令」（*Executive Order 6102*），使金價一日之間由 20 美元升至 35 美元，升值 75%，美元兌黃金大幅貶值，同時觸及 100% 支持線。及至 1960

年，**當美元兌黃金價格比率跌穿歷史平均值48.75%**，金價同樣沒有馬上趕上來，但於餘下20年逐步上升，終在1980年觸及100%支持線。

無獨有偶，兩次觸及支持線都是發生重大經濟危機之時，上世紀三十代是經濟大蕭條，七十至八十年代是南美國債危機及石油危機。

這種推算方法，除了考慮美元發行量和金價，也涉及美國的黃金儲備。以2015年的美元發行量計算，若要達到40%美國黃金儲備支持，金價至少要升至每安士6349美元，若要達到100%支持，則須升至每安士15,872美元。以此察看，現今金價明顯偏低。這只是2015年的美元發行量數字，還未計算新冠疫情令聯儲局開動的「無限QE」，致使貨幣發行量呈爆炸性上升。

大家可再察看上圖，1987年左右，美元對黃金價格比率正式跌穿歷史平均值48.75%，金價往後長期持續處於平均值以下，至今已經34年了。粗略估算，之前觸及100%支持線的年份為1980年和1933年，兩者相差47年，那麼1980＋47，下一次觸及100%支持線應是2027年。當然，筆者不是指那一年確實會發生此情況，只是推測其出現的機會率。

以循環理論回顧近百年歷史，即使處於平均值以下的為時頗長，金價最終亦會觸及100%支持線，逼使美元達到100%美國黃金

儲備支持，原因可能是令法幣有足夠的後盾作支撐，即使不恢復金本位，但如果美國政府國庫仍有大量黃金儲備，同時金價暴升以觸及100%支持線，變相政府持有的資產升值。換個角度，黃金亦是回復其「應有」的價值，**銀紙印了多少，金價就要追上多少，畢竟後者的供應是有限的**。現在，弓弦已拉得崩緊，金箭正等待時機向上衝。

圖表8.2　金價對美元基礎貨幣比率

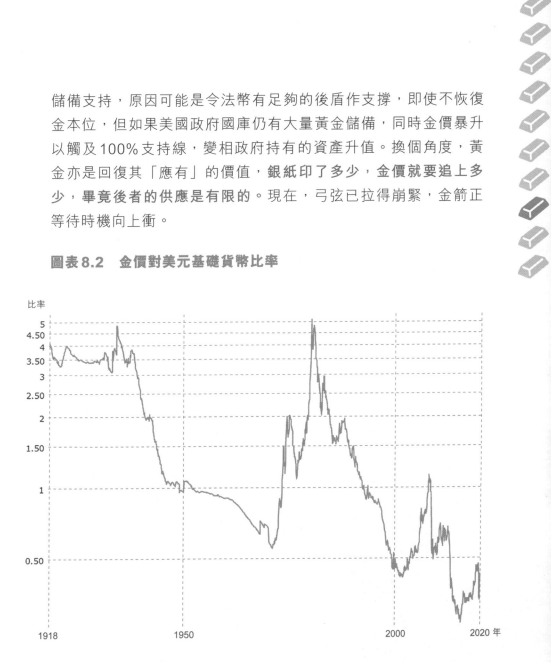

增加黃金儲備　難上加難

讀者可能會問，未來情況難道不可以逆轉？或許美元發行量會減少，或美國會提高黃金儲備？筆者認為，此兩種情況出現機率較低。先不論美元發行量從來只增不減，世界黃金產量亦一直走低，尤其是歐美的黃金主要供應地南非，自1970年後產量持續萎縮，至2006年更被中國超越，失去產量首席位置。美國及澳洲，雖於八十至九十年代黃金產量有不錯增長，但九十年代中後期開始走低；餘下兩大產金國——中國及俄羅斯，其中央銀行亦積極儲存黃金，不輕易出口，中國的黃金出口管制非常嚴格，走私黃金的最高刑罰是死刑。

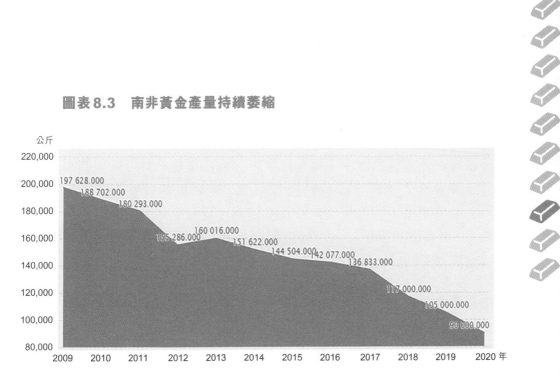

公斤

	197 628.000
220,000	
200,000	188 702.000
180,000	180 293.000
160,000	160 016.000
	155 286.000
140,000	151 622.000
120,000	144 504.000 142 077.000
100,000	136 833.000
80,000	117 000.000
	105 000.000
	90 000.000

2009　2010　2011　2012　2013　2014　2015　2016　2017　2018　2019　2020 年

資料來源：CEIC

回顧歷史，美國黃金儲備從數十噸提升到2萬噸，前後用了近90年時間，七十年代至今，儲備數量幾乎原地踏步。自2004年起，美國政府一直表示擁有8133噸黃金儲備。經估算，若美元對黃金價格比率要提升100%以上，黃金儲備必須增加5倍，即至10萬噸以上，即等同佔全球儲存量70%至80%，歷史上從沒有一個政府擁有如此高比例的黃金儲備，就算羅馬帝國和大英帝國亦做不到。你說美國政府搜羅全球黃金容易，還是放任金價暴升容易？

看懂道指黃金比　適時轉換資產

道指黃金比（Dow/Gold Ratio），是指以道瓊斯工業指數的點數除以每安士金價的比率。換句話說，這個比率能計算每點道指，能購買多少安士黃金，反映兩者相比，何者較有購買力或較吸引。由於通脹，近百年美元一直不斷對比實物貶值（即購買力下降），用道指黃金比就能摒除通脹的影響，是一個能更加精準把握經濟增長和衰退周期的指標。

道指黃金比或對未來美國股市與金價的走勢有所啟示。當比率愈大，代表道指被高估或黃金被低估，即反映股市快將到頂，或金價即將迎來牛市，反之亦然。

圖表8.4　道指黃金比走勢

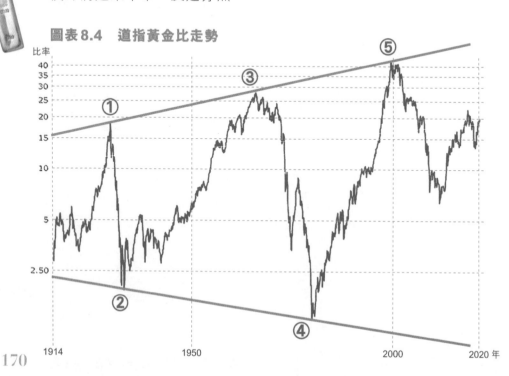

近百年，道指黃金比率經歷過3個頂點和2個底部：

① 1929年9月，道指創下386.1的高點，當時美國實施金本位，金價為每安士20.67美元。道指黃金比率為18：1，道指黃金比與道指同時到頂後，之後世界就陷入經濟大蕭條；

② 1932年7月，世界經濟大蕭條，道指黃金比跌至2：1；

③ 1966年，美國在戰後高速發展，經濟繁榮，股市上揚，道指首次突破1000點，官方金價為每安士35美元，道指黃金比率達28：1；

④ 1980年初，金價自脫離金本位扶搖直上，達每安士850美元，黃金牛市到達高潮，同期美國出現滯漲危機，道指約800至900點，道指黃金比下試1：1；

⑤ 1999年，科網熱潮受到追捧，美股整體受惠，道指首破10,000點大關，道指黃金比創下44：1新高。同年歐洲多國央行簽署《央行售金協議》，規定此後的5年，各國每年只能出售400噸黃金。這成為貴金屬市場的轉捩點，往後金價上升，道指黃金比下滑。

黃金料將跑贏道指

再仔細觀察道指黃金比的走勢，將3次頂點（1929年、1966年、1999年）及2次底部（1932年、1980年）分別連線，可以發現，3次頂點中，每一個高位大約比前一個高出50%，而第二個低位約比前一個低40%。由此可見，道指黃金比率正處於自1999年開啟的下降周期，並遠未見底。如果循環理論成立，即下次的低位只會比上次低位更低，即下次觸底時道指黃金比會走向1：1，甚至向下打穿1:1，換句話説，即金價會繼續上升。

現時道指黃金比率約為19：1，如果道指黃金比會走向1：1，要麼金升19倍，要麼道指跌19倍，或者兩者同時發生：**黃金漲4至5倍，道指縮4至5倍**，兩者呈交會狀態。筆者預測資金會同時流入股市及金市，要黃金升19倍而道指跌19倍似乎有點「吃力」，因此後者預測更貼近市況。

讀者或許會發現，道指黃金比兩次（1932年及1980年初）觸底，時間點都吻合上一節所指「金價觸及100%支持線」。有統計指，上次道指黃金比周期持續近50年（1932年至1980年初），粗略估算，即將來臨的比率低點應該約2030年（1980＋50＝2030年），這也和前文提及的金價頂點年份相差不遠。

有人更「馬後」假設，如果近100年間，自祖父輩至我們這一代，

懂得巧妙地轉換道指 / 黃金此兩種資產，把握每個升跌周期，資產會有數百倍的增長。不論道指黃金比率最終會否走到1：1，筆者認為，2008至2011年的黃金熱潮（期間道指黃金比下跌）只是牛市前的前奏，真正的牛市已是蓄勢待發，「好戲在後頭」。

中原樓價指數與金價對比

樓價是香港人歷久不衰的話題，將樓市和金市比較又如何？

圖表8.5　中原樓價指數走勢

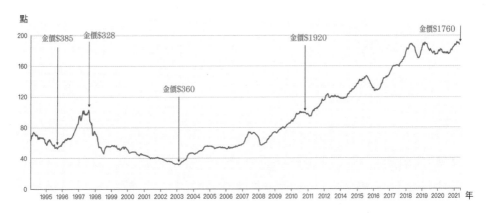

1997年，香港樓價達到前所未有的高峰，平均每呎約6200港元，而當時金價每安士約328美元，後者明顯「蝕章」，一安士黃金只能換得0.43呎，名副其實「寸金尺土」。

之後金融風暴爆發，港樓經歷6至7年的低迷期，中原城市領先指數（CCL）由高峰大跌7成。到了2012年10月，香港平均樓價每呎約6700港元，前後花了十多年時間，總算回到家鄉，但同期每安士金價升至1900美元以上，即每安士黃金可購買2.21呎。

圖表 8.6　中原樓價指數對比金價

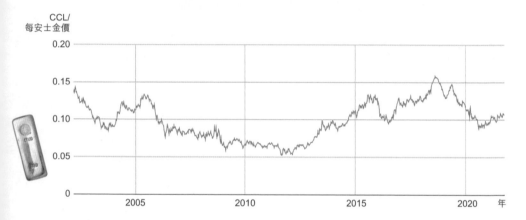

若將CCL點數除以每安士金價，可以反映兩者相比，何者較有購買力。當比率愈大，代表香港樓市較金市吸引，反之亦然。從黃金購買力角度而言，港樓於2003至2011年處於下降軌道，2011年後才止跌回升，到2018年才回到家鄉。

這情況比較值得我們深思：有些資產（如港樓）表面升值，只是以本國貨幣計價而上升，此乃貨幣產生的「價值幻象」，正如2003年至2010年樓價表面上升，實際對黃金貶值。

當然，從另一角度看，當年金價升到1350美元，但對比樓市，購買力卻不及1180美元時，因為樓價的升幅比金價更大。讀者要留意，就算將來貴金屬踏入牛市，也要觀察其他資產價格的走勢，其他資產下跌，黃金反而更受惠，反之，**若萬物皆升，有更多更「牛」的資產，令黃金升勢相形見絀，這樣，黃金亦只能對沖貨幣貶值而已。**

樓價未必受惠「私人波」

本書主軸是分析全球通脹、債務危機及金價升跌周期，這和全球樓市有何關係？答案是債務危機致債價下跌、息率抽升，加重供樓負擔，所以看似屬私人力量的樓價，並不一定受惠於「私人波」浪潮，更可能反其道而行。

當然，全球各地樓價受不同因素影響，例如人口、城市發展、地域狀況、需求等等，不同地區的樓價發展相距甚遠。筆者想特別指出，由於預期息口抽升，若一個地區的置業槓桿比率愈大，愈受利息上升影響，愈是哀鴻遍野。如此看來，還在供樓的業主更要小心謹慎。

圖表 8.7　佛羅里達州樓價指數連升 34 季

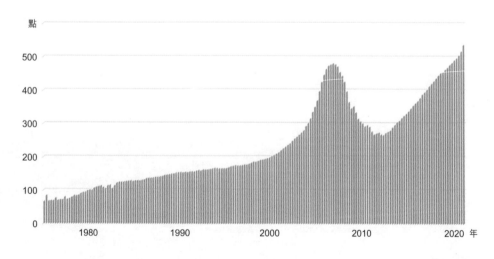

圖表8.8　木材期貨價格升穿600美元

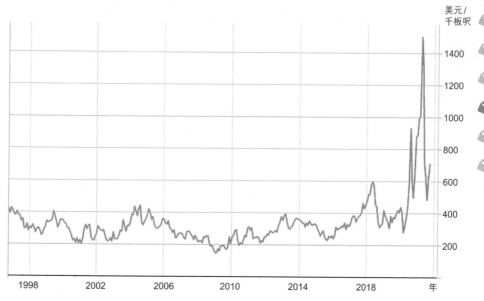

這次新冠疫情成為全球危機，會波及歐美各國，筆者預測各地樓價應有一定調整，再加上西方政府防疫封城等政策，已經開始出現人口逃亡潮。以美國為例，人口從紐約等核心地帶移至核心外圍的州份如佛羅里達，帶動郊區房價上升，從建造用的木材價格暴升便可見一斑。對比正下降的城市樓價，這種反差確是奇景。與黃金同為商品的木材，其暴升是否代表整個商品通脹浪潮開展？落後的黃金又會否追上？

第9章
貴金屬牛市
白銀升幅勝黃金

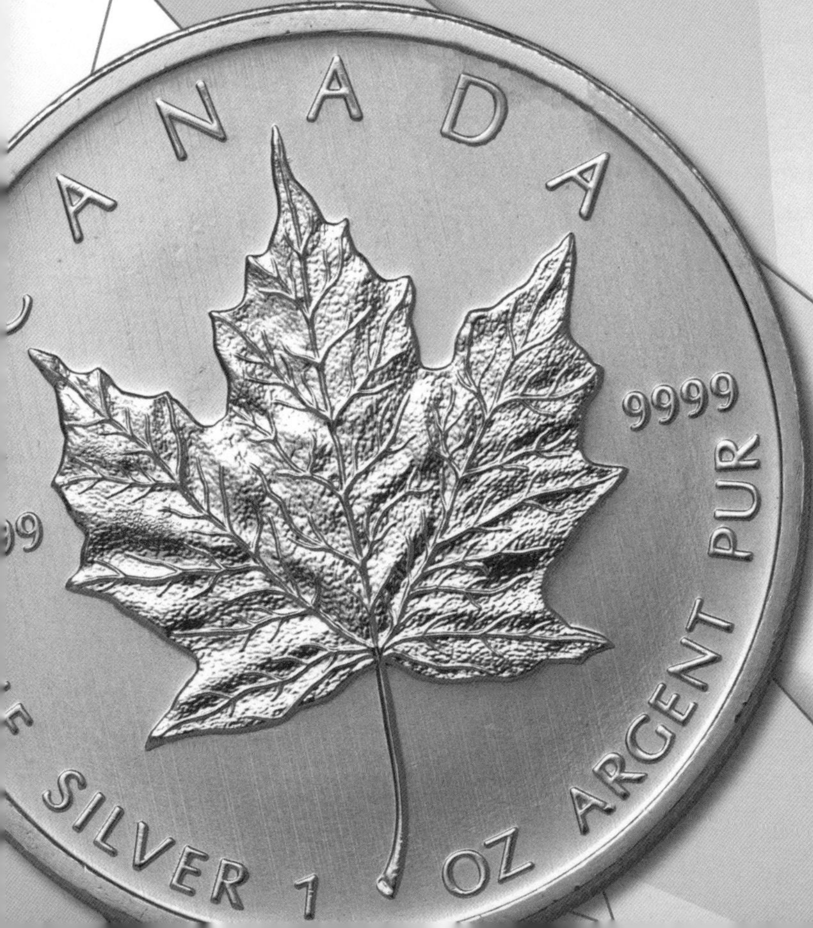

第 *9* 章
貴金屬牛市
白銀升幅勝黃金

筆者特意開闢一章講述白銀的前景,固然因為看好白銀,而且相信其升幅應比黃金更大。其實,歷史上的貴金屬牛市,白銀的升幅均比黃金高,如在牛市初期,買入升幅潛力較高的白銀,應該更能收穫巨利。

金銀比的逆襲

白銀和黃金的關係猶如「糖黐豆」,大多數時間同升同跌,走勢甚少南轅北轍。兩者縱然同步,但升跌波幅不一,從而造就「金銀比」的高高低低。

「金銀比」是黃金期貨價格除以白銀期貨價格,一般會以期貨價格作準,反映一安士黃金能兌換多少安士白銀,也反映何者較有優

勢。如果金銀比率上升，代表黃金比白銀的勢頭更好，即金價比
銀價的升幅較大或跌幅較小，反之亦然。有統計指，從1969年
至2019年，50年來金銀比的平均值為57，過去10年的平均值
則為66。

圖表9.1　金銀比走勢

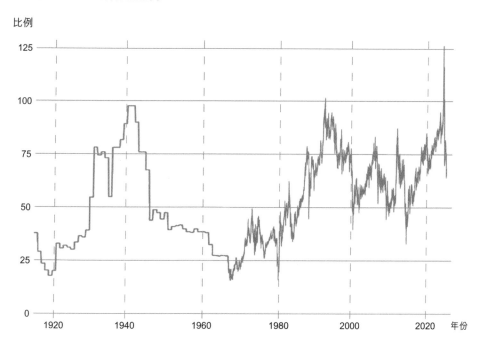

2020年3月，由於新冠疫情引致資產價格閃崩，連帶貴金屬市場
受累，國際銀價跌至每安士約12美元，同時期金價的跌幅較小，
不少專家預測金銀比會上探100，殊不知最後升穿至125，比率
之高乃百年難得一見（比第二次世界大戰時期更高），當時銀價

甚至比鎳價低賤。但不足數個月，銀價卻有驚人的逆轉，至8月初，金銀價同時到達高位，金銀比在半年內如瀑布般向下瀉，倒穿達70左右。筆者預計未來金銀比還會向下探。

金銀比向1：20進發？

金銀比一直有其韻律循環，比率上升後總會回歸中間值；下降若干時間後也會回升。而且參考其歷史規律，一旦進入貴金屬牛市，金銀比都會向下，因為白銀的表現通常更為卓越。

遠的不說，就以2011年和1980年貴金屬牛市為例，金銀比率均向下探至1：30甚或1：16。如比率真的下探1：30或以下，假設黃金維持在一安士2000美元的價位，銀價就至少為約一安士70美元，甚至破百。

更有評論大膽推測，因工業耗損，白銀存量已比黃金少，從基本面看認為金銀比應達至1：1，甚至負值（代表銀價比金價高）。試想想，為何金價一直比銀價高？極可能是「物以罕為貴」，但現今白銀被工業用途耗損，這種逆轉又有沒有可能？

當然，亦有評論吹淡風，指不應只參照近幾百年的數據，如將視野擴闊，回望得更遠久，可見幾千來白銀的價值比起黃金，其實是緩緩下降。在公元前五千年的古埃及時代，金銀比約為1：2，至公元元年，比例則是1：4。筆者認同以長遠趨勢分析的確

更全面，但並不代表要看淡這幾年甚至10年間的銀價，就算大趨勢是升是降，亦可包含中長期趨勢的反撲。

筆者深信鐘擺效應，認為一直期待已久的彈弓（slingshot）已經發生，換言之，銀價的低位，以及金銀比的高峰均已在2020年出現，趨勢已逆轉，金銀比穿破1：20應該沒有難度，「銀」光閃閃的前景已可期。

工業消耗令白銀日益減少

投資除了看技術分析，基本面分析亦甚為重要。需求增加和供應減少同樣會提升產品價格，所以白銀的蘊藏量／存量，值得我們仔細參詳。

根據美國地質調查局，地球現在可供開採的白銀約53噸，對比起黃金的可採量，金銀比應為1：10.4，但這只是其中一種計法，貴金屬專家張雲量、陳勇克的著作《白銀大未來》一書提到，如以歷來已開採又被消耗的白銀（約4.4萬噸）來計算，白銀應比黃金更稀有，因為大部分已開採的黃金，均以金條、金器等形式保留下來，比白銀足足多12.7萬噸，反而白銀已被消耗！

白銀的用途廣泛，據白銀協會的統計指，白銀的主要需求來自工業應用（見圖表9.2）。白銀在工業、醫療、能源、導電等領域均有應用，而由於白銀在各領域一般都是「微量應用」，例如手提

電話只含有極少白銀，而此等產品被廢棄後，其銀含量都難以回收。即使銀價暴升，對一般產品成本和價格影響不會太大。

圖表9.2　全球白銀需求（百萬安士）

	2017	2018	2019	2020	2021（預計數字）
工業用途	518.7	513.4	514.6	486.8	524
底片	35.1	33.8	32.7	27.6	28.8
珠寶	195.3	202	200.3	148.6	184.4
銀器	59.6	67.6	62.1	32.6	43.1
淨投資	156.2	165.6	185.7	200.5	252.8
淨對沖需求	1.1	7.4	/	/	/
總需求	966	989.8	995.4	896.1	1033

資料來源：白銀協會

《富爸爸教你買賣貴金屬》的作者邁克・馬隆尼（Mike Maloney）也有類似看法。上世紀五十至六十年代，市面上有35億安士白銀可供買賣，到了1980年，市面只有25億安士，至1990年，減少至21億安士，至今更只剩2千萬安士，庫存量比起黃金更是「蚊髀同牛髀」。以現今的消耗白銀速度，一旦全球停止開採，其存量只能支撐需求4個月。

圖表9.3　全球金銀庫存量

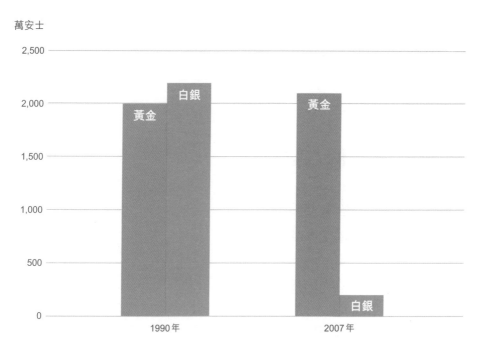

萬安士

資料來源：《富爸爸教你買賣貴金屬》

不過，筆者認為，白銀存量不是牛市的主要推手，要知道1980年是貴金屬的頂峰，到了九十年代可買的白銀少了，為何仍踏入貴金屬的大熊市？至執筆今天，白銀存量雖然少了，但銀價仍和1980年的高位有段距離。不過，白銀存量可在牛市爆發後再推動銀價上升，由於白銀的開採和銀礦的勘探需時，當出現白銀狂熱（Silver Fever），當市面一時難以供應白銀實貨，買斷市至「有價

布市」，追入者只好轉投ETF和期貨的懷抱，會令銀價升幅更瘋狂。

一旦貴金屬正式踏入牛市，筆者認為，白銀如打了興奮劑的黃金，而金礦股則如打了興奮劑的白銀，金股同升的局面可期，礦業股變相成為具潛力的吸金池。

白銀會是下個GME？

白銀狂熱似乎開始湧現。近年在歐美，散戶圈子以反金融霸權為旗幟，在網絡世界掀起一股「散戶大軍」旋風，在網上論壇Reddit帶起風向，鼓吹網友同時追入某一股票，令股價暴升。美股Game Stop（GME）就是一例，讓不少沽空賭跌的大型機構損手爛腳。之後，「散戶大軍」把目標轉移到白銀上，除了買實貨，也買入追蹤銀價的ETF，致使銀價在2021年初一度升至30美元。

Reddit討論區的Wall Street Silver，儼如一個社區，不時有網友繪影繪聲地羅列投資貴金屬的好處，首先會以標籤、標語輔助，形容白銀為真錢（Real money）、窮人的黃金，「Time To Choose, Inflation is Coming」、「One is Real Money, One is Paper」、「中國大媽愛白銀，2021年挾爆華爾街」這類金句在討論區隨處可見。又例如有人製作影片，畫面中大批人踏上牙膏

（比喻為白銀），擠出一股洪流後，上面的人就得救。有時又會討論全球各地的買銀情況，例如上傳新加坡人在銀行大排長龍買銀的照片。有網民更形容，黃金是國王，白銀就是戰士，兩者一同對抗全球政府無限印鈔的通脹危機，他們認為，面對黑洞般的債務漩渦，黃金和白銀就是最穩固、最能避開財富蒸發的挪亞方舟。

在數碼世代，難得有年輕人視白銀為「潮物」，但白銀狂熱網民也愛圍爐取暖，在「好」友眼中，只有貴金屬是王者，其他一切都是泡沫：貨幣會灰飛煙滅，股市高漲不過是一時假象。但網民預計的數字總是太樂觀太誇張，好像估算銀價於2022年就能破千元大關，一味唱好但忘卻萬物皆有升跌的韻律。

筆者認為，網民單方面鼓吹買入白銀，能增加銀價短期波動，但不能持久，難以真正主宰貴金屬市場的大趨勢。投資產品的真正轉勢，都要待時機（或危機）將至，以至大部分群眾的全面覺醒，由於**貴金屬市場與股票等投資工具不同，在全球均有產量和庫存**，24小時都在交易，除非網民能鼓動全世界投資者加入「爆買大軍」。但即使各人爭先恐後入市，時間和價位總會不同，難免互相猜忌，懷疑是否有「內鬼」刻意煽動而趁機放貨，繼而又有捉「鬼」行動，影響「大軍」齊心團結，令價格更難捉摸。

2021年3月，該批狂熱網民再次吹奏魔笛，發起追入銀市計劃，鼓勵網民將美國政府發放的1400美元生活補貼買入白銀ETF及實銀，結果銀價未有爆升，反而跌至相對低位。

摩根大通打壓銀價？

狂熱網民難於操控白銀市場，但大型投資銀行可有此能耐？

市場一直流傳，期貨市場交易的白銀合約，其規模遠遠比實物存量多，達100倍或以上，又鑑於白銀的市場規模較黃金小，所以易於操控，只要發行更多白銀合約並沽空之，就能壓低銀價來獲利。此傳言更直指，多年來「操控」銀價的就是摩根大通銀行（以下簡稱JPM）！

坊間對於JPM如何操縱銀價，亦有鉅細靡遺的描述：每當銀價升至重要價位，如一安士30美元，JPM就會製造大量期貨沽空，令市場恐慌，引導價格下跌。這種造市（Market Making）操作甚具技巧的，據說JPM的交易員會同時在某些價位虛掛買盤，令市場氣氛看起來十分熱烈，然後就在價格上升時大量沽空白銀期貨，等市場購買力量耗盡，交易員就撤回買盤，以較低價買回先前沽空的合約。

如何打破這局面？有網民鼓吹，一旦大量買家湧入實物市場，而期貨市場就欠缺足夠的實物白銀來兌現，就能打爆「紙銀」，令沽方損失，更可令期銀市場崩潰，這又使更多買家只對實銀有信心，令銀價爆升，造成「良性」循環。

但「故事」並未完結的，另一傳言是JPM一手壓低銀價，同時另一手偷偷趁低價大量囤積實銀，待某年某天決定不再打壓銀價，便放任白銀暴升，無論如何，JPM都是終極大贏家。

實物和期貨量差 本屬平常

就算看好白銀的前景，筆者對以上説法甚為懷疑，沒花時間深究當中真偽，亦認為不應過份放大期銀和實銀規模孰輕孰重的問題。實物和期貨的量差，幾乎在任何市場都存在，諸如其他商品、股票，以槓桿買賣屬恒常事，Full pay買實貨反而少之又少。

我們得留意，在後真相年代，許多真假新聞結合陰謀論，就成一家之言。筆者認為，沒有個別機構能在貴金屬市場隻手遮天，影響市場大勢，哪怕是勢頭一度十分凌厲的Reddit討論區，其言論也只能對市場造成短期影響，增大既有波幅而已。我們總不能每每銀價上升，就宣稱這是合理回歸到「應有」的價值；每次下跌都是不公的人為操控。那不是分析，是雙重標準。

銀本位回歸？

對白銀前景異常樂觀的人，常將「銀本位回歸」掛在嘴邊。的確，比起黃金，白銀被視作貨幣的歷史更悠久，所以「好」友認為，人類終有天會覺醒，並以白銀支持貨幣發行，將兩者掛勾。

筆者卻對此想法有所保留，一來白銀有著其他用途，令存量長期不足，加之世界各國已如火如荼加緊開發主權數碼貨幣，數碼貨幣乃不可抗逆的潮流（但不代表筆者看好私人發行之加密貨幣/數碼貨幣），以商品為貨幣的光景恐怕愈來愈遠。金本位復辟已近不可能，更何況更冷門的白銀？

但期待銀變回「錢」的人，也不必失望，白銀就算不是貨幣，不代表沒有前景。無論金銀，放諸今天都只是商品，和股票、房地產一樣，有高有低，有升有跌，始終逃不過歷史的大循環。

2020 年 3 月，筆者的舊 blog 文——《金甲蟲之路》的「金價離小底不遠　最多或下試 1450-147」和「銀價跌近成本價　買入 SLV 鎖定價格」，均指出貴金屬市場已見底，是難能可貴的「撈底」時機。隨著國際社會持續動盪，世人對各國政府失卻信心，看來貴金屬的牛市已經如箭在弦！

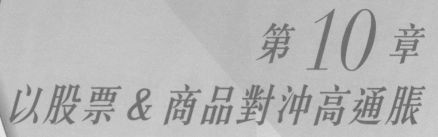

第 *10* 章
以股票 & 商品對沖高通脹

第 *10* 章
以股票&商品對沖高通脹

不言而喻,商品將主導整個高通脹周期的投資市場。長久以來,**商品中有兩大王者,黃金與黑金。**前者同時具備貨幣功能,浮動匯率下,高通脹意味着紙幣購買力的流失,肯定是這個高通脹周期必不可少的資產,在私人信心波周期,也會利好黃金、商品和股票等私人資產。前幾章詳述了貴金屬的投資方法,這章我們將探討如何部署商品和股票資產,如何配置資產防止被通脹蠶食呢?甚至進取一點地想,如何把握這次機會,轉危為機,從中獲益?這些都是未來數年個人投資的重要課題。

「黑金」乘勢而起　石油ETF值吸納

「黑金」,指的是石油。雖然近數十年新能源發展迅速,例如美

194

國頁岩油，但石油仍然廣泛應用在世界各地，而且副產品眾多，新冠疫情下一度供不應求的口罩，其原材料「高熔指聚丙烯」（HMSPP）是石油副產品之一。

投資石油的渠道很多，如油股、石油ETF、原油期貨等等。筆者經驗所談，期貨操作複雜，油股則涉及個別公司的策略，例如中國國營油企可能需要因應國策不能加價，縱然油價大升亦未必代表盈利會大幅增長，部分油企則可能將資金用作炒賣期油，若然做淡期油，未必能於油價升市中獲利，反會逆市而行。因此建議從石油ETF入手。

筆者經歷過2020年4月間的歷史性負油價風暴，對投資石油ETF感受尤深。當時受到新冠疫情影響，石油需求大減，油庫空間不足，倉租急升，2020年4月20日破天荒地出現-37美元的期油價格，筆者當時持有ProShares兩倍槓桿原油ETF（UCO），股價重挫八成以上，UWT和DWT等多隻3倍槓桿的石油ETF更因跌幅超越槓桿可承受風險，價格歸零，其後更退市。

當時筆者也曾想過止蝕離場，不過細心分析後，覺得石油在商品爆升周期肯定會發熱發亮，更有可能重演上世紀七十年代石油危機的情況，當3倍槓桿石油基金絕跡市場後，要以槓桿做多石油價格，已沒有選擇，故此決定繼續持有UCO，後來油價由低位回升，約1年後，股價已由最低11升至70美元以上，收服近半失地。

圖表 10.1　UCO 走勢

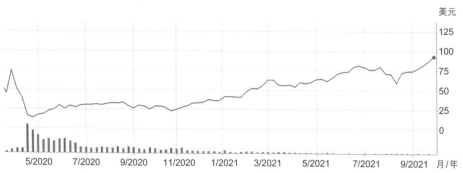

比月線走勢更能反映長期趨勢的季度走勢上，油價於 2021 年第二季已經突破始於 2008 年的長期跌勢。經歷負油價風暴，加上疫情持續，筆者相信油商入貨會更為審慎、保守，只會看銷量而備貨，可能引致馬田説的供應短缺。物極必反，負油價的相反，可能就是商品的瘋狂暴升。

圖表 10.2　紐約期油扭轉長期跌浪

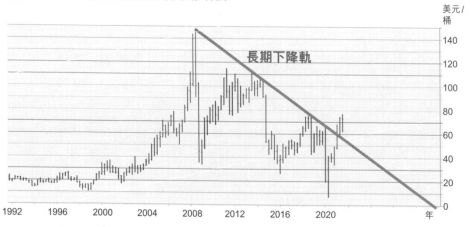

不過，話說回來，作為過來人，筆者不建議投資者以槓桿投資石油ETF；而選擇不含槓桿成份的石油ETF，如美國石油ETF（USO），已經可以在這周期中獲利。畢竟油價走勢涉及眾多政治考量，飛升時可以非常驚人，下挫亦可以超乎想像。例如2014年油價便連挫七個月，許多分析認為是因為俄羅斯於烏克蘭、克里米亞等問題上，與西方發生衝突，歐美為了打擊以出口能源為主的俄國的收入，拋售期油，造成油價暴挫。沒有槓桿的石油ETF波動相對小，適合穩健派投資者。當然，如果你承受得起風險，槓桿石油ETF可以將利潤倍增，可能更合進取型投資者胃口。但切勿過分進取，適時獲利退場，或採用「零成本法」，等股價上漲就先取回本金。

圖表10.3　美國石油ETF（USO）走勢

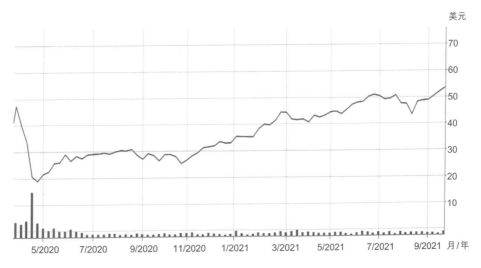

周期主角農產品　宜以ETF大包圍

根據馬田預測，農產品將成為這周期供應短缺的主角。供應短缺除了因為疫情，也與政府的管治失誤有關。2021年9月中，美國聯儲局主席鮑威爾表示，通脹是供應鏈問題，持續時間可能超過預期。換言之，這場通脹不是聯儲局通過調控息口及貨幣供給可解決的問題。

這可能也是「私人信心波」下的一種現象。踏入2021年，歐美與中國因為「新疆棉」出現爭議，中國棉供應減少，而中國是全球三大產棉國之一，結果半年後國際棉價升至十年高，擊穿了非常重要的長期的阻力位。

投資農產品的方式有很多，最直接是買入相關的期貨，操作跟期油、期金差不多，同樣不是普通投資者可輕易駕馭，選擇股市上相關ETF是較簡單輕鬆的做法。

港股的選擇較少，主要是中資農企或農產批發商，很少直接持有農產品資產。美股則豐富多了，例如大豆（SOYB）、小麥（WEAT）、玉米（CORN）等等。不過，投資要十分小心，部分產品其實是ETN（交易所買賣指數債券），本質是債券，發行商不一定會買入商品期貨，因此風險較ETF高（ETF 有實際持有標的），當其追蹤的指數下跌超過50%時，發行商更有權贖回債權，投資者有可能血本無歸。

由於農產品眾多，筆者建議不妨大包圍，定期買入綜合型的農產ETF，其中流通量較大的德銀農業ETF（DBA），資產中包含了玉米、大豆、糖、小麥、棉花等多種農產品期貨。DBA成立於2007年，執筆時約8.8億美元規模。

圖表10.4　德銀農業ETF（DBA）走勢

另外投資者可留意農業企業，相關ETF的選擇亦不少，VanEck
農業綜合企業ETF（MOO）主力投資上市的美國農企，例如生
產農業、建築、森林機械設備和柴油引擎等的龍頭股「強鹿」
（DE）、全球最大家畜用藥品和疫苗廠商「碩騰」（ZTS）。安碩
MSCI全球農業生產商ETF（VEGI）則是MOO的加強版，投資世
界各地的大型農企，亦是不錯選擇。

圖表10.5　MSCI全球農業生產商ETF（VEGI）走勢

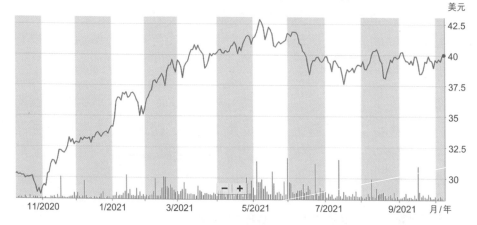

美股甚至有農地收租股，例如農地合夥ETF Farmland Partners
（FPI），以房地產投資信託形式（REIT）運營，專門收購優質農
地，再出租給農戶耕作，每年約派息4次。這些股票近年走勢都
很相似，於新冠疫情最嚴重的2020年3至4月扭轉長期低迷的趨
勢，如此巧合地可以反映一個通脹大周期已經正式展開。

主導全球商品供應鏈　中國股市受惠

相信很多投資者也想知道，高通脹下股市會做好嗎？回顧七十年代高通脹周期，美股表現可說是「平平無奇」，大部分時間道指都於750點至1000點之間上落，當時資金大量流入商品市場是主因，期內玉米價格升了4倍、油價升了5.8倍、金價升了23倍、銀價升了58倍……不過，筆者相信，周期現象不會一式一樣地重複。

今天全球國債規模，與七十年代不可同日而語，美債規模超過28萬億美元，七十年代則不足1萬億美元。雖然美國國民生產總值（GDP）也上升了，經濟規模變大許多，但國債佔GDP比例已經從七十年代的30%，升至2020年的120%以上，意味美國的償付債務能力已急速惡化。

還要留意，根據馬田的周期理論，當下正處於51.6年的私人信心波周期，民眾信心將會因政府管治失誤，逐漸遠離政府，直到周期頂點2035年，目前運行至尾段，政府債券的前景堪憂。新冠疫情爆發初期，十年期美債孳息低見0.318%，很大機會已經觸及終極底部，債價很大機會也見了終極頂點。

美債規模如此之巨大，只要有10%以上資金流出來，已足以推高許多資產價格。故筆者對股市前景相對樂觀，筆者尤其看重中

國股市。作為全球製造業基地,從手機到口罩,從重工業到輕工業,全球商品都與中國有關,「Made in China」幾乎無處不在。十多年前,馬田透過ECM,已經預測2035年是歐美西方文明的拐點,亦是大頂,社會、政治、經濟將出現空前動盪,之後全球資本會向中國匯集。當時筆者也半信半疑,更不明白歷史會如何發展,促成這種轉變?

2020年新冠疫情爆發初期,中國全國陷入困境,武漢封城,多地實施「小區封鎖」,全球各地經濟分析幾乎一致看淡中國前景,令馬田這個預測變得可笑。不過,形勢很快出現劇變,中國政府極快將疫情控制下來,相反歐美被疫情擊潰,死傷枕藉。2020年,

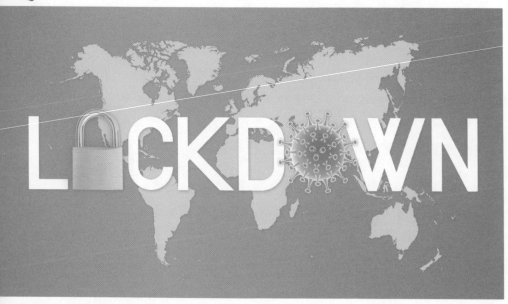

當全球主要經濟體GDP都錄得負增長時，中國卻增速2.3%，成為唯一正增長的主要經濟體。

從上證綜合指數的月線走勢可以看到這個趨勢。始於2015年的熊市，已經運行數年。2019年及2020年出現了兩個底部，建構出一條緩緩爬升的通道，並且已經於2021年第三季突破了2018年的最高位3587點，升至五年高。雖然2021年下半年出現監管風暴，中國政府施行多項政策，被視為不利投資市場發展，但筆者相信只是暫時，政策調整完成後，隨着全球通脹升溫，中國經濟將會有長足發展，牽引全球各種商品供應的中國上市企業的股價必然會受惠，盈利可期。

圖表10.6　上證綜合指數走勢

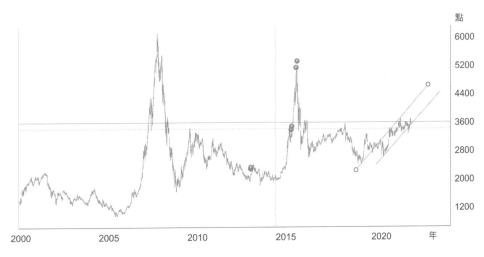

捕捉通脹周期下中國股市的機會，「買市」是上佳策略。筆者已定期買入追蹤恒生科技指數的ETF，指數成份股全是中國科技企業，等同投資了這些公司。另外，也買入了華夏滬深300（3188）、南方富時中國A50（2822）等等追蹤中國市場。高通脹下，中資油股相信也會有不錯增長，故筆者也增持了一定數量的中石油（0857）及中石化（0386），兩股低迷多年，同樣在2020年出現明顯轉勢，未來股價或會隨通脹升溫，有可觀增長。

牛市漫長　勿過分進取

了解到通脹大趨勢，許多投資者會雄心壯志，磨拳擦掌，伺機出動。不過，一定要時刻保持清醒，勿被勝利沖昏頭腦。有別於股票、債券、外匯等投資工具，商品供應有限，就算需求增加，提升供應亦非一朝一夕可做到。

商品關係到民生，升幅過急、過大，會激化社會不安。從古到今，政府每每於高通脹周期進行價格干預，例如古羅馬時代曾實施《物價敕令》揭制通脹、七十年代美國政府實施價格管制，也曾定期拍賣黃金及限制黃金交易，最極端情況是透過立法強制以官價沒收人民手中的黃金。又例如2021年10月初，國際油價升至貼近每桶80美元，美國能源部長 Jennifer Granholm 便放風，指美國政府會考慮釋放石油儲備，控制油價，油價於亞洲交易時

段便挫了超過2%。雖然這類干預政策的成效不高，卻會造成短期的價格震動。投資者必須認清，**貴金屬及商品牛市發展未必很急促，可能到周期中後段才出現明顯升幅，必須有耐性。**

正如前文所説，投資市場像鐘擺一樣，左右來回。月線圖是不錯的參考，資產價格是很少連升或連跌超過4個月，像美國棉花期貨，從2020年6月開始，連升9個月是極罕見現象。當價格出現連升數月或六七星期，筆者建議不妨先行獲利，待調整才再買進。

「金牛」及商品牛市的前景雖然亮麗，但亦機中有危。經過了40多年發展，投資市場有別於七十年代，最顯著是多了很多科技企業，也多了加密貨幣市場，未來可能會攤薄流出債市的資金，限制貴金屬及商品在高通脹下的升幅。想穩操勝券，切忌過份進取。當市場出現過熱現象，例如像七十年代，連的士司機也不工作，全職加入「炒金」行列，或者就是投資者撤離的好時機，亦是金銀牛市結束之時。

附錄
七十年代的全球黃金狂熱

附錄
七十年代的全球黃金狂熱

筆者預期，貴金屬在可見的未來肯定再次迎來牛市，但牛市始終有盡頭，那甚麼時候放售最合適？

筆者已在本書正文從技術分析，以及各種貨幣理論探索，此附錄就以筆者的剪報珍藏，與大家回顧二十世紀七十年代的香港以至世界的黃金狂熱。從1968年到1980年的12年間，金價從35美元升至逾800美元，平均每年升幅超過30%，如將來有一天，社會對黃金狂熱的程度有如昔日此Gold Fever，則黃金升幅已到頂峰，極可能已接近泡沫，隨時爆破，可賣出矣。

1968年美元危機　搶金風潮

在金本位還未消失，官價仍維持在每安士黃金兌35美元的時候，
1968年美元危機再次出現，帶起一次黃金熱潮，值得我們借鏡。
當年3月15日，《華僑日報》A1頭版幾乎被黃金熱潮的新聞淹浸，
其中有：

「美國為穩定金市，急運40噸黃金到巴黎沽售。」

「黃金搶購熱潮下，抽走了股市資金，令道指下跌。」

「美國總統召開了緊急會議，應對全球黃金搶購潮。」

「美國總統詹森公開呼籲，全力支持美元。」

單是頭版就已有 4 則和黃金相關的新聞，你能想像今天報章的頭版會有這般光景嗎？

富格林金幣　年賣 600 萬枚

圖表 10.1　1975 至 1984 年金價走勢

金本位制度自1971年廢除，此後10年黃金迎來牛市。到了1978年，金價從每安士約173美元升至最高242美元，全年升幅近四成，全年平均價每安士193美元，當年的金幣銷量又如何？

富格林金幣正風行本港
預料每年銷量逾十萬枚
是南非政府承認之法定貨幣

（特訊）每枚純金含量一安士的南非富格林金幣，自本港上市以來，市場反應熱烈，預料本港銷量將超逾十萬枚。

富格林金幣是南非礦業公司屬下共分銷的新組織，其中金礦部本港地區及金幣料來，工業部及金幣銷部第三大部門。

南非礦務商會旗下承認富格林金幣為南非政府的本港地區，經由南非礦務商會輕身機構世界各地的銷售，成績斐然，迄今為止，世界各地的銷量已逾二千六百萬枚。

富格林金幣，現為世界最暢銷之金幣，一九七八年度的銷量，為數相當於南非黃金年度數百份之二十七。

日本港上市以來，銷量與來，市場反應熱烈，本港推出，使社會上重要的一員，一切歸功於本地人士的大力支持。

在酒會中指出，富格林金幣在本港大受歡迎，羅關斯，十二月十一日

國際黃金有限公司是南非礦務商會副會長

圖片說明：國際黃金有限公司昨設酒會招待本地商業界，在酒會中數迎嘉賓，公特本地業界，及遠東區經理羅關斯及遠品立，在酒會中數迎嘉賓。

因製造奧運金幣
蘇聯減拋售黃金
中東首次賣出其存金

（港訊）國際黃出企業現正提倡珠寶飾物改為透過鎔壓而大，恐怕產品需求急乾涸。但採用新製造技術，積極推行推廣運動，而這個正國際黃金企業，會協助本港珠寶業，與國際市場的買家聯絡。今年頭八個月內，本港珠寶場的珠寶首飾出口。

「國際黃金企業在本港的黃金推廣活動，已進入第二階段，在上月擴大代表的地方。現時每週約有二千五百至三千枚富格林金幣，透過本地銀行及其他經銷處賣出，而今年較早前，每個月祗賣金一千至一千五百枚。」在去年，富格林金幣的銷量，達到六百萬枚，其中一半在是美國市場成交。

國際黃金業與非礦業會的行政人員正在訪港，他們分析黃金情況時將指出中東國家首次將金條賣回給市場，索價比金價高出百份之二十至百份之二十五。

行政人員又作出以下的評估：（一）黃金產量與需求，可能有差距，尤其是工業需求，高過新金供應。（二）

金器與銀器出口，共達六億三千六百六十萬元，去年同期為五億五百六十萬元。

1979年12月20日《華僑日報》一則「富格林金幣正風行本港／預料每年銷量逾十萬枚」的新聞，提及1978年全年的富格林金幣銷量等同南非該年黃金產量的27%。翻查紀錄，1978年南非的黃金產量約2300萬安士，即是當中約621萬安士用於鑄造富格林金幣，銷售全球，美國人在那一年又買了多少金幣呢？

1979年12月30日《星島日報》一則題為「因製造奧運金幣，蘇聯減拋售黃金」的報道，提到1978年全球賣了600萬枚富格林金幣，其中一半由美國人買去，即當年美國人買了300萬枚富格林金幣，即平均每月大約買入25萬枚金幣，比起2012年1月黃金熱潮的金幣銷量高出一倍有多，當年的金甲蟲真夠「狼」！若再對比1978年與現今的美國人口，當年約2億，2012年則3億有多，更顯當年的黃金熱已升溫至發燒！

但不要忘記，這只是1978年的情景，尚未到1979至1980年最熱的Gold Fever。

國際亂局　對金價推波助瀾

七十年代Gold Fever中，金價有70%升幅發生在1979至1980年初期間，除了利率、通脹等經濟因素，國際政治的動蕩局勢亦起了推波助瀾的作用。

環顧那一年多的時間，國際局勢可用「兵荒馬亂」來形容，1979年4月初，伊朗發生伊斯蘭革命，推翻了親美的巴列維王朝，之後金價就扶搖直上，半年差不多升了1倍，10月稍為回落，但踏入11月又發生了伊朗人質危機，世人對美國的信心持續下滑，拋售美元，買入黃金。

危機下，資金湧入香港金市！1979年12月10日《華僑日報》報道了大批資金由東南亞湧入香港金市，資金主要來自華僑，由於他們害怕當地回教勢力會像伊朗什葉派一樣拿起武器搞伊斯蘭革命，歐美將無能為力阻止，所以將資金調到香港，投入金市避險。

一波未平，一波又起，伊朗人質危機還未解除，1979年12月27日，蘇聯大軍就攻入阿富汗，推翻不肯親蘇的政權。歐美國家眼白白看著蘇聯軍事行動，完全無能為力，美國可沒有九十年代揮軍伊拉克的豪氣。世人對美國及美元信心再大幅下滑，結果，一踏入1980年，金價就像脫韁野馬般狂升，半個月內，每安士金價從約540狂升至850美元！

政治局勢惡化外圍連日漲停板
港金狂升三六五元

升勢越升越勁，全日步步搶高，收市四二七〇，再創空前新高，無現貨交收。美元馬克日圓均大跌，人民幣仍持穩。

（特訊）金價升勢越升越勁，昨（十六）日本港金價，再度狂漲三百六十五元，連破四千一百及四千二百、四千三百及四千四百元大關，續創空前新高，金牌價調升，外匯告下跌。

週二外圍金價狂升，倫敦收市價六八四美元，升二千四元，蘇黎世升二百一十六元，紐約連續三天升四元，停報。

晚日本港金市受紐約金價衝破七百美元的刺激，以高過紐約的收市價開市，但隨即受到長綫名義影響而回洛。從半日金價波幅達一百三十元反映市場投機氣氛狂熱，加上蘇聯在認爲代價是值得的，可能進軍伊朗及巴基斯坦，美國國防部長表示，紐約金價恢復上場為世界第一個衝破每盎斯七百美元的市場成爲世界黃金復興的市場，除了阿富汗與伊朗危機，伊朗油田進發，蘇軍恐嚇美國財向。

長米勒聲稱目前不是財政部拍賣黃金的適當時候，不過卻會在適當時候拍賣，他這番說話，向七百美元水平作最後衝刺，收市倫敦收市的六九三美元。

消除目前會大量拍賣黃金的可能性，金價作出興奮反應，價爲七一四美元，敢前上升四二美元，並高過倫敦收市的六九三美元。

蘇聯入侵阿富汗後，形勢更緊張，許多人認為蘇聯不會就此罷休，1980年1月17日，《華僑日報》引述美國國防部長言論，說蘇聯有機會乘勝追擊，攻入伊朗及巴基斯坦，其後更有傳言蘇聯會攻入印度，全球人心惶惶。

美國特使會晤日代首相
要求日本積極合作 實行經濟制裁伊朗
美官員表示準備使用武力防衛南亞

（美聯社東京十七日電）美國特使哈比今日會見日本代首相，討論伊朗危機，但並未就合作進行經濟制裁伊朗的問題達成任何的實質協議。哈比是前副國務卿，在德黑蘭美國大使館內被挾持的人質，便盡快營救。日本所需的石油，佔百份之九十是由伊朗供應。此間美國消息人士透露，哈比此行已經同日本官員進行會談，伊朗就此一問題，亦曾要求美國了解。該經濟消息人士透露，哈比此行已經切關係至及詳情則未公佈。

（路透社美國華盛頓十六日電）白宮高級官員自己發出一項明確的警告，謂美國準備使用武力，以防止蘇聯干預阿富汗，南亞的任何進一步軍事行動。布熱津斯基昨日提出此種國家安全會議顧問布熱津斯基，武圖利用此行否使用武力。伊朗境內現出的任何政治解體，對使用武力的重大利益。一白宮發言人鮑維爾向新聞記者說，「你們可肯定我們已準備保護其它任何事故，一白宮官員說，「倘若蘇聯採越過我們已準備，巴基斯坦及其他南部國家的安全，蘇聯政府應在祖等白宮，所以美國準備採取行動的意義。

特總統相信，由於蘇聯對東南亞的威脅，將會改變它們的政策。卡特在接受一批報紙主筆的訪問時說：「我相信世界其他國家在阿富汗問題上，已改變方針。」他接著說：「它們看到，對它們的真正的許多不容易才吸取教訓。」卡特說：他認為在非洲的古巴部隊不可能很快撤走，但是他說：「我希望那些歡迎古巴軍主和自由，而是蘇聯和古巴集權主義的勢力。目前的威脅不是民隊，並且同蘇聯簽訂和平友好條約的國家。」「我從阿富汗形勢看出，並麼對它們的獨立構成威脅。

1980年1月18日《華僑日報》另一則報道顯示當年危機的嚴重性。伊朗革命後，美國制裁伊朗經濟，但日本沒有跟隨，伊朗警告若日本跟隨，就停止輸出石油到日本；另一方面，親蘇的古巴在非洲多國有駐軍，美國警告，若蘇聯越過阿富汗邊境，就會開戰！全球陷入戰爭陰雲，金價飛升，美國就有人趁金價高企，排隊沽金。

今天的政治局勢，雖然紛亂，但跟當年隨時擦槍走火的情況比較，還差一大截。當年蘇聯是核武大國，今天伊朗、北韓還在發展核武階段，且都是小國，中東局勢亦相對和平，不過隨著歐美政府管理日趨不善，國際亂局指日可待。拜登上場，北韓和伊朗也開始有小動作，蠢蠢欲動。

政府無能　應以金對沖

正文曾提及，經常有分析認為，如果政府賣金，或央行沽金，會對金價構成負面影響。央行或政府賣不賣金，是否影響金價上落？那就要看政府的管治能力了！

馬田・岩士唐（Martin Armstrong）經常提及：「黃金是獨立的，不是對沖通脹，而是對政府本身的對沖。」（"Gold is independent, not the hedge against inflation, but the hedge against government itself."）、「黃金名副其實是一種對沖政府管治能力下滑的工具。」（"Gold is the free hedge against the mismanagement of the state."）──回顧歷史，我十分認同這種見解，黃金是對沖政府「管理失當」的最有效工具，這一「主軸」，時刻不能忘記！

政府管理失當，包括軍事失策、債務過重、稅務不公、政治紛爭……世人的信心就會從政府走向黃金，那時，無論政府或央行沽不沽金，都不會動搖黃金的升值，七十年代的金牛就是例子。

再細看當年，1979年8月金價的突破，就是由美國拍賣黃金推動。1979年8月30日《華僑日報》刊登了這則新聞，原本金價還未到300美元，但一拍賣，有人願意以高於300美元買入，金價立即出現重大突破並向上衝，為怕火上加油，當年南非銀行立即公開否認停售黃金，因為擔憂一旦市場誤以為停售，黃金供應將短缺，金價行情會更猛。

美再拍賣黃金 創下最新高價

每安士三○一點○八美元

（美聯社華盛頓廿一日電）美國政府稱，星期二財政部的黃金拍賣，創下破紀錄的新高價，平均價每盎斯高達三○一點○八美元，首次超越三百美元大關。（比前次平均價高四．六四美元）財政部售金之際，適逢國際市場的金價又再衝上每盎斯三百美元大關。財政部稱，三間公司購買了七十五萬盎斯金條，金條的含金純度為百分之八十九點九至百分之九十一點七。中標者的出價每盎斯由三○○點八美元至三○一點五美元。

美國上月之黃金拍賣，平均價每盎斯為二九六點四四美元，中標價每盎斯由二九五點一一美元至二九六點七六美元。星期二財政部舉行第十六次拍賣，共收到十八張標。財政部稱，中標者為紐約的摭能銀行——七十二萬盎斯，蘇黎世的瑞士銀行——二萬五千二百盎斯，蘇黎世的瑞士信貸公司——四千八百盎斯。下次的拍賣將於九月十八日舉行，拍賣金條的成色與今次相同。星期二歐洲金價全面報漲。蘇黎世市價上升了超過兩美元，報三○一美元。倫敦收市價則上升超過四美元，報三○三點一二五美元。紐約期貨市場金價狂升。

八月份期金收市價三○七美元，漲升九點一美元，九月份期金收市價三○七點四美元，升八點七美元。

1980年初亦有類似情況，1月17日《星島日報》報道，雖然多國拍賣黃金，市場卻不斷有人願意以高價接貨，結果美國政府宣布停止拍賣，市場憂慮黃金供應停止，瘋狂買入，結果金價一晚上升80美元，差不多10%。

秀姑唔見十兩金？

其實除了經濟數據外，觀察世人對黃金的態度，亦是重要參考。1980年1月15日《華僑日報》娛樂版報道，藝人黃杏秀為了接拍《風雲》，辭演《請帖》，非常痛心，秀姑以黃金「十幾兩金」表達自己損失的片酬，可見她心中黃金所代表的價值有多重，相信當時普通讀者亦認同此説法，明白代表損失之巨。

申請買金幣　勁過認購Tom.com

廿一世紀初，科網股熱潮，人人為之瘋狂，當時Tom.com招股，全港有46萬人入紙申請，成為一時佳話，但也不及1980年匯豐銀行發行猴年金幣之瘋狂！根據1980年1月15日《華僑日報》報道，匯豐只發售3萬多個金幣，但派出73萬份申請表格，其後共收到65萬份申請書。面對Gold Fever，千禧科網熱潮也相形見絀。

當年金價每安士高達750至800美元，一個金幣等同許多人三四個月薪金，黃金如此貴，仍有65萬人申請購買金幣，以當年香港人口約540萬估算，即每8個香港人就有1人申請，而申請超額19倍之多，報道還說由於太多人申請，來不及處理，難以即時退回支票給落空者。

派出申請表格七十三萬多份

猴年金幣極受歡迎

申請書六十五萬份

較金幣發行額超出了十九倍

政府發言人稱，是次印就的申請表格共計七十四萬份，派出的數目有七十三萬五千六百份，較羊年金幣申請表格增加六倍半，與龍年金幣申請表格相比，增加近十九倍。

他說，交回申請表格的數目，較羊年金幣申請表格增加六倍半，與龍年金幣申請表格相比，增加近十九倍。

他又說，鑑於申請猴年金幣情形空前熱烈，所有申請書處理需時，我目前勢難依照廣告刊登的日期，將支票和本票退回申請落空者。

他表示當局將儘一切努力，並正加派人手，儘快處理所有申請書，但以目前情況而言，此項工作似難於農曆新年前完成。

（港訊）香港上海匯豐銀行收到猴年金幣申請表格共六十五萬一千五百零四份。

其中申請精金幣者佔十七萬六千一百四十八份；普通金幣則佔四十七萬五千三百五十六份。

金市引發利率逆轉

1979至1980年間，金市牛頂，更引發利率逆轉！以下兩圖是當年刊登於報章的財政公司廣告，存款利率十分吸引，定期存款3個月，萬國寶通財務有14%利息，存一星期亦有12.25%，渣打財務則有14.25%（3個月）、13.75%（1個月）。反而定存期限愈長，利息較少，形成利息逆轉。

獲多利有限公司

滙豐銀行集團成員

港幣存款利率行情

期限	利率	期限	利率
廿四小時通知	12.375%	三個月	14.25%
兩星期	13.25%	六個月	13.875%
一個月	13.50%	一年	12.25%
二個月	13.625%	兩年	11.75%

（最低存款額 HK$50,000）
歡迎隨時查詢有關「可轉讓存款証」利率

總辦事處	中環和記大廈五樓	電話：5-263095
中區辦事處	中環和記大廈三樓	電話：5-213166
西區辦事處	德輔道西60-64號	
	榮裕商業大廈五樓	電話：5-480236/7
旺角辦事處	彌敦道625號	
	麗斯大廈二十樓	電話：3-854027/9
官塘辦事處	康寧道56號地下	電話：3-423243

79.12.30

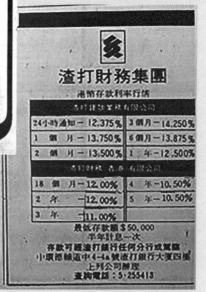

渣打財務集團

港幣存款利率行情

渣打財務有限公司

24小時通知	12.375%	3個月	14.250%
1 個 月	13.750%	6個月	13.875%
2 個 月	13.500%	1 年	12.500%

渣打財務（香港）有限公司

18 個 月	12.00%	4 年	10.50%
2 年	12.00%	5 年	10.50%
3 年	11.00%		

最低存款額 $50,000
半年計息一次
存款可匯渣打銀行任何分行或駐區
小項德輔道中 4-4a 號渣打銀行大廈四樓
上列公司辦理
查詢電話：5-255413

為何定存時限愈長，利息反不及短期多？因為金市熾熱，引發熱錢大量流入金市，很多人借短錢投入金市，成短期借貸緊張。所以銀行及財務公司惟有提高短期存款利率，彌補短期資金需求。當年新聞亦報道，1979年12月10日《華僑日報》提及：「金市投機熾熱，炒家紛紛提款進市，使財務公司頭寸頓然吃緊，不得不提高存款利息以吸引市面閒資。」由於加息吸引閒資，引發利率戰，整個七十年代後期，銀行及財務公司爭相提高存款利息。Gold Fever發生時，利率可能會出現這種逆轉走向，宜小心留意！

金市脫離「合理升跌」範圍！

專欄作家陳石林於1980年1月18日在《華僑日報》分析金價見頂，他說出金市已脫離了「合理升降」的範圍，同時也提出警告，叫香港人不要投機炒金！

1980年1月21日，金價升到850美元歷史高位，之後回落。回望整個七十年代，國際局勢動盪，全球陷入Gold Fever。不論各國央行如何沽金，都不能打倒金價，甚至助推金價上升，直至政治局勢平靜下來——列根上台、伊朗陷入兩伊戰爭、蘇聯沒再發動侵略戰……黃金牛市才結束！

去年，無論國際與香港黃金市場，均掀起瘋狂的漲風，在通貨膨脹熾烈，石油價格一年數度調升，伊朗問題的世界政局動盪之下！加上投機的浪潮，使黃金價格在一年內上升了超過一倍。就國際金市來說，去年初倫敦市每安士只徘徊在二三○美元之間，而到了年底則越過五百餘元；至於香港，去年初港金每兩亦不過一千三百七十元左右，至年底則越過三千六百七十八元。雖然人們都認為黃金是能保值的，但一年之內漲過一倍，則顯然是投機因素。

黃金市場的投機風氣較去年更甚，踏進八○年，金市的投機風氣不但未見放緩，相反的，投機家富豪石油商大幅提升，通貨膨脹惡化及伊朗問題等因素，將黃金市場的投機氣大向前推進了一步。本年一月內，金價即狂越過四千元大關，而由於新高價的同時，升價過於急速，本月內竟有過一天之內狂升二百餘元的高起跌，波動幅度有過一天之內升逾二百美元的下跌，而在一天之內又出現一百餘元的急跌。

買金求保值，投機不可爲！

黃金漲風如此凌厲，顯然是投機因素重於一切，當前金價走勢，實已脫離了「合理升降」範疇。過去許多因炒金引致的破產，就是由瘋狂的價位變動造成，投機者應引以爲誡。

市的利好因素，但若要深究下去，國際局勢緊張及通貨膨脹加劇，究竟與黃金有何直接關係？而其維繫的標準又是甚麼？相信金的價位變動而造成，金市投機風潮中得利的人們，實應該先以此爲誡。

不過，事不離宗，大刺激的今年金市的投機風氣較去年更甚，踏入今年，金價更出現了一輪新漲勢，這正顯示香港黃金市場的投機。

尤其值得注意的，是打從今年開始，香港黃金市更出現了一輪新漲勢，在倫敦及紐約市場的前頭，遙遙領先香港黃金市場過去許多因炒金引致的破產，就是由瘋狂的價位變動造成，投機者應引以爲誡。

多因炒金而引致的破產、跳樓、失蹤等事件，就是瘋狂的價位變動而造成，見嬴心喜、企圖在先謀勢，要考慮到屆時金市突然全線光了，也不會影響個人生活、家庭和事業才可嘗試。如果不這樣，到頭來整個人被金市狂潮所吞噬，那風險極大的投機，如果由於「利之所在」而妄動，亦必須量力而爲，並且先要做好「未雨綢繆」，要未雨綢繆就先得到全線光了，家破和事業才可嘗試。如後悔莫及了。

黃金風潮相信還會持續一段時期，小市民實應引以爲誡，不可胡亂投機而招損失。

在通貨膨脹超過物位數字的今天，縱然不斷現款買金以保值，將手上的一兩金藏給別人，一年後，所得的利潤可能要比存入銀行生息爲大。即使金價下跌了，所得的比存入銀行生息大，亦仍不失其保值作用，這種利潤也大於銀行存息，所得的比存入銀行生息更大。

（陳石林）

Wealth 135

亂世
黃金

作者	林祖、平步青
內容總監	曾玉英
責任編輯	梁韻廷
書籍設計	Stephen Chan
相片提供	林祖、Getty Images

出版	天窗出版社有限公司 Enrich Publishing Ltd.
發行	天窗出版社有限公司 Enrich Publishing Ltd.
	香港九龍觀塘鴻圖道78號17樓A室
電話	(852) 2793 5678
傳真	(852) 2793 5030
網址	www.enrichculture.com
電郵	info@enrichculture.com
出版日期	2021年11月初版

承印	嘉昱有限公司
	九龍新蒲崗大有街26-28號天虹大廈7字樓
紙品供應	興泰行洋紙有限公司

定價	港幣 $168　新台幣 $840
國際書號	978-988-8599-70-7
圖書分類	(1) 工商管理　(2) 投資理財

支持環保　此書紙張經無氯漂白及以北歐再生林木纖維製造，並採用環保油墨。